LE SYNDROME DE STRESS POST-TRAUMATIQUE

SURVIVRE OU REVIVRE ?

Cette collection est destinée à publier des ouvrages de réflexion autour de la problématique moderne des conflits armés. Son thème « Guerres et Opinions » permet de proposer des réflexions, des hypothèses ou des prises de position autour de la guerre comprise comme *la chose militaire au sens large* : prospectives diverses, tactique, psychologie, philosophique, société, etc.

Elle est destinée à informer, partager de la connaissance et de l'expérience mais aussi interpeller.

CŒUR DE LA COLLECTION

Le cœur et l'originalité de cette collection est de proposer *des ouvrages courts et peu onéreux les* mieux adaptés aux modes de lecture actuels et aux attentes contemporaines d'accès à la connaissance : textes synthétiques, concentrés, accessible à un large public, permettant d'accéder rapidement à des conclusions approfondies précédées de brèves analyses et d'exemples concrets.

Ces livres numérotés forment le noyau central de la collection.

AUTRES OUVRAGES DE LA COLLECTION

La collection propose aussi des ouvrages au format traditionnel permettant d'approfondir plus avant un sujet par des développements exhaustifs, des ouvrages collectifs regroupant des contributions autour d'un thème commun, des actes de colloque, etc.

GUERRES & OPINIONS
Collection dirigée par le Général Benoît ROYAL

Christine ROULLIÈRE-LE LIDEC

LE SYNDROME DE STRESS POST-TRAUMATIQUE

SURVIVRE OU REVIVRE ?

Préface de l'Amiral Jacques Lanxade
Ancien Chef d'état-major des Armées

ECONOMICA
49, rue Héricat, 75015 Paris

Déjà parus dans la collection Guerres et opinions

Ouvrages numérotés

1. *La guerre pour l'opinion publique*, général Benoit ROYAL, 2012.
2. *Replacer l'armée dans la Nation*, Chef d'escadron Hughes ESQUERRE, 2012.
3. *Préparer l'avenir, Nouvelle philosophie des décideurs*, Henri HUDE, 2012.
4. *Enjeux de guerre*, colonels Pierre-Joseph GIVRE et Nicolas LE NEN, 2012.
5. *Les blessures psychiques en 10 questions*, Docteur Yann ANDRUÉTAN, 2013.
6. *La force de la liberté, Nouvelle philosophie des décideurs*, Henri HUDE, 2013.

Autres ouvrages

Les robots au cœur du champ de bataille
sous la direction de Ronan DOARÉ et Henri HUDE, 2011.

La guerre robotisée, sous la direction de Didier DANET, Jean-Paul HANON, Gérard de BOISBOISSEL, 2012.

La responsabilité des militaires,
sous la direction de Ronan DOARÉ et Philippe FRIN, 2013.

L'action militaire terrestre de A... à... Z,
sous la direction de Didier DANET, Ronan DOARÉ et Christian MALIS, 2015.

À ma famille et mes amis
À Lorient

Préface

La blessure invisible, en terme plus technique Syndrome de Stress Post-Traumatique (SSPT), est désormais reconnue, au même titre que la blessure physique, comme une conséquence possible de l'effroi ressenti suite à un traumatisme tant dans la sphère civile que dans l'institution militaire, dans toutes les formes d'affrontement ou de crise.

Nous connaissons mieux aujourd'hui ce que furent les souffrances des combattants de la première guerre mondiale. Les poilus de Verdun qui sont sortis physiquement indemnes des tranchées ont peu raconté leur calvaire, mais nous savons que le traumatisme qu'ils ont subi, ne les a pas quittés tout au long de leur vie.

Les déportés à leur retour chez eux ont gardé le silence, jugeant que la société qu'ils retrouvaient n'était pas capable de comprendre quelle était la vraie nature de leurs angoisses.

Plus près de nous, les États-Unis ont eu à affronter le terrible ravage créé par la guerre du Vietnam au sein des vétérans.

En France, nous avons récemment découvert, presque par surprise, trente-deux ans après l'événement, les traumatismes qui ont frappé les survivants de l'attentat du Drakkar au Liban.

Et si la guerre d'Algérie a laissé des traces indélébiles chez beaucoup, des centaines de milliers de jeunes ayant participé à cette tragédie, il aura fallu attendre la guerre d'Afghanistan pour que les forces armées françaises prennent réellement conscience de l'importance des syndromes de stress post-traumatiques ressentis par les soldats engagés dans les opérations extérieures.

Il est devenu clair alors que les blessures invisibles, qui atteignaient un très grand nombre des hommes déployés sur les différents théâtres, n'étaient pas un non-sujet et qu'elles devaient être activement détectées puis soignées. De très nombreuses actions ont depuis été entreprises pour organiser le traitement de ces traumatismes comme cela avait été fait pour les blessures physiques.

Les armées françaises s'étaient en effet réorganisées depuis la guerre du Golfe, face aux pertes lourdes subies dans les opérations extérieures, pour garantir à nos soldats un accès immédiat aux soins les plus efficaces en cas de blessure physique. Le Service de Santé des Armées a remarquablement transformé la chaîne de santé qui s'étend depuis la zone des combats jusqu'aux hôpitaux militaires. Ainsi les chances de survie de nos blessés en opérations sont les plus grandes possibles tandis que leur accompagnement et leur réinsertion sont ensuite assurés dans de très bonnes conditions.

Aujourd'hui, une seconde importante réorganisation est en cours, et elle est absolument nécessaire et urgente, pour prendre en compte les syndromes de stress post-traumatiques mais il reste encore beaucoup à faire pour que soit établi le meilleur dispositif, notamment parce que ces blessures invisibles peuvent se déclarer très tardivement, alors que le soldat a quitté l'armée, et que leurs effets s'étendent sur de nombreuses années.

C'est dans ce contexte que Christine Roullière-Le Lidec a entrepris d'écrire ce livre pour informer de la réalité de ces blessures invisibles ceux qui, de près ou de loin, sont confrontés au syndrome post-traumatique. Elle a donc réalisé une sorte de guide tant pour les blessés eux-mêmes que pour leurs familles, ou encore pour le commandement, et plus généralement pour ceux qui accompagnent nos soldats sur le long et difficile chemin de leur guérison et de leur réinsertion.

Christine Roullière-Le Lidec a traité ce sujet avec sa grande compétence de médecin mais aussi avec sa sensibilité féminine. Elle a parfaitement analysé les ressorts de l'action militaire en soulignant le besoin du combattant de comprendre le sens de sa mission mais aussi le rôle essentiel de son chef, quel que soit son grade, pour qu'il accepte les risques de son engagement.

Elle a noté avec justesse combien la solidarité du groupe de combat, qui se prolonge bien au-delà des événements eux-mêmes, est fondamentale pour le soldat placé dans un environnement stressant.

Elle insiste enfin sur la durée du traitement de ces blessures invisibles qui en complique sérieusement la thérapie.

Son livre devrait donc être particulièrement utile à un moment où l'Institution Militaire s'interroge sur les méthodes les mieux adaptées pour faire face à l'accroissement relativement considérable du nombre des soldats atteints du syndrome post-traumatique.

En conclusion, je dirais qu'il y avait au sein des armées, et qu'il y a encore trop souvent, une réelle difficulté culturelle à accepter l'idée même de blessure d'ordre psychologique. Le combattant, dans la vision classique, est un homme fort dont seules la blessure physique ou la mort peuvent interrompre l'action. Nous comprenons aujourd'hui que cette perception est d'autant plus inappropriée que la société humaine évolue, lentement certes mais sûrement, vers un refus de la violence.

Il faut donc clairement souligner qu'il n'y a pas de différence de nature entre une blessure physique et une blessure invisible et que, si leurs thérapies diffèrent, elles méritent l'une comme l'autre considération et réparation.

Amiral Jacques LANXADE
Ancien Chef d'État-Major des Armées
Président de l'association Solidarité-Défense

Avant-propos

Engagé en mission extérieure, mon véhicule a sauté sur un IED[1]*. Mon camarade est mort.*

Je survie sans blessure physique en dehors de quelques égratignures. J'ai été débriefé, pris en charge par les médecins et les psychologues depuis la zone de combat jusqu'à mon retour en France. Mon état de santé est jugé suffisamment bon pour que je rentre chez moi en permission. Je le souhaitais également. Enfin je souhaitais rentrer chez moi après la mission, mais pas de cette manière. J'ai l'impression d'avoir abandonné mes compagnons, mes frères d'arme, mon chef, de les décevoir, de ne pas être à la hauteur de ma mission, de ne pas être un soldat.

Mais au retour commence un autre combat. Conditionné pour être en alerte 24 heures sur 24, je sursaute au moindre bruit. Quand le facteur sonne pour déposer un paquet et que je suis seul dans la maison, je suis aux aguets prêt à riposter si c'est un ennemi. J'ouvre la porte en stress maximal. Ce n'est que le facteur inquiet et pas très rassuré devant ma tête !! Seuls mon chat et mon chien me comprennent et me reconnaissent. Je leurs parle de ce que j'ai vécu. J'ai du mal à rétablir le contact avec mon épouse, dans tous les aspects de notre vie de couple, les tâches de la vie quotidienne me paraissent insipides, sans intérêt, m'ennuient. Mes enfants m'énervent, même si je ne pensais qu'à eux.

1. Improvised Explosive Device : *IED ou engin explosif improvisé.*

Cet instant de retrouvaille que j'avais tellement imaginé me paraît décevant. Ils ne comprennent pas ce par quoi je suis passé, ce que je viens de traverser. Je me sens différent, étranger à des personnes que j'aime si fort. Je fais des cauchemars. Je revois mon camarade. Je sens son souffle, son dernier souffle. Je veux aller voir sa famille pour partager avec eux ce moment. J'ai rendez-vous avec le psychiatre militaire. Mon dieu suis-je devenu fou ? Que vais-je devenir ? Vais-je pouvoir revivre comme avant ? Même si avant le départ, j'ai eu de l'information sur le stress post-traumatique, je ne comprends pas ce qu'il m'arrive.

Comment revivre après un traumatisme psychique ?

Avec ou sans préparation, on ne peut prévoir un traumatisme, ni l'impact qu'il peut avoir sur sa propre vie. On en sort différent, changé. Même avec la préparation physique et psychique la plus poussée, on sort différent de cette rencontre avec la mort.

Comment retrouver sa place de guerrier, de soldat, de militaire, d'époux, d'épouse, de parent, d'enfant, d'ami ? Comment surmonter cette blessure psychique qui tout à la fois restera gravée dans l'appareil psychique comme pour une blessure physique ? Ne dit-on pas que le corps a une mémoire de tout ce qui lui est arrivé ? À fortiori il en sera de même pour le psychisme.

Mais cette blessure psychique qui résulte de la rencontre avec la mort, avec l'indicible, avec ce qui n'a pas de sens, peut se transformer en un évènement qui fait sens. De la même manière que la cicatrisation d'une blessure s'effectue avec un tissu cutané renouvelé, la cicatrisation d'une blessure psychique peut s'envisager avec l'apparition de nouvelles perspectives. C'est pourquoi, au-delà de cette transformation, cette blessure peut devenir porteuse de sens, porteuse de vie, porteuse d'espoir.

Cette étape ultime du parcours thérapeutique permet au « patient blessé psychique » de quitter le statut de patient pour réintégrer le statut existant avant l'évènement traumatique et redevenir un guerrier, un soldat, pour ensuite être un ambassadeur de la résilience. Cette souffrance ne fut pas, et n'est pas vécue pour rien. Elle a un sens. L'action préalable au traumatisme avait pour but de servir la Nation dans le cadre d'un conflit armé, d'une crise civilo-militaire, dans un théâtre d'opération extérieure ou sur le territoire national, fortuitement, pour rechercher de l'information ou pour soigner.

Ce livre est destiné à toute personne pouvant être confrontée à un traumatisme psychique ainsi que ses proches. Je m'adresse plus particulièrement aux militaires de retour d'OPEX[1] de mission de courte durée, ainsi qu'en mission intérieure, aux policiers ainsi qu'aux diplomates, aux reporters de guerre, aux humanitaires. L'objectif est qu'ils puissent trouver quelques éléments de compréhension et de décodage de la pathologie afin d'appréhender une nouvelle vie porteuse d'espoir, et de renouveau. Ce livre complète les ouvrages scientifiques déjà existants sur le sujet. Il ne constitue pas une consultation médicale, et ne se substitue en rien à la prise en charge médico-psychologique effectuée par des professionnels de santé spécialisés.

Le projet de ce livre m'est venu suite à la rédaction d'un mémoire relatif à la prise en charge civilo-militaire du traumatisme psychique chez les militaires de retour d'OPEX dans le cadre d'un diplôme universitaire coordonné par le Professeur Louis Crocq, médecin Général ayant cessé son activité. Médecin au SAMU de Paris, dans les services du Premier ministre, au quai d'Orsay, j'ai été amenée à travailler avec les professionnels intervenants dans ces situations de crise, qu'ils soient civils ou militaires pendant et au retour de la crise ainsi qu'avec les cellules d'urgence médico-psychologique (CUMP) des SAMU dans la prise en charge des victimes, des familles. J'ai perçu un besoin d'accompagnement « sur mesure » suite à une situation traumatisante, pour des personnes présentant des plaintes somatiques et ou psychologiques, avec la crainte de ne pas être comprises par des personnes extérieures à leur environnement professionnel, ou ne connaissant pas le contexte de survenue du traumatisme.

De multiples entretiens avec les militaires, leurs familles, mais aussi des policiers, des diplomates, des humanitaires, des

1. OPEX : opération extérieure.

journalistes de guerre et des professionnels de santé civils et militaires m'ont convaincu de la nécessité de compléter le dispositif médico-psychologique existant par de l'information « généraliste » concernant des sujets qui ne sont peut-être pas toujours abordés en consultation par pudeur, timidité, crainte ou tabou. Pour des sauveteurs, des officiers de sécurité, des combattants, des agents de l'État civils ou militaires intervenant pour protéger, sauver, combattre, défendre, il est difficile de concevoir la possible survenue d'une défaillance psychologique. Le cadre d'intervention constitue une obligation supplémentaire. Cela devient un défi et un devoir de réussir la mission en dépit de tout ce qui peut survenir. Concevoir intellectuellement cette vulnérabilité liée au traumatisme est envisageable, car le syndrome de stress post-traumatique et les pathologies liées au stress sont médiatisés. Mais l'accepter réellement dans son être, dans son psychisme est une autre histoire.

Pour les victimes civiles ou militaires de conflit, d'attentat, d'agression, le traumatisme peut arriver à un moment inopiné, fortuit au détour d'activités normales et comporte également une grande violence. L'effroi ressenti est peut-être plus intense dans la mesure où il n'y a ni préparation, ni anticipation de la menace lors d'un attentat ou d'une agression.

« *Suis-je devenu fou ? Anormal ? Dérangé ? Je ne reconnais pas mes réactions. Mon entourage ne les reconnaît pas, ne me reconnaît pas. Je n'arrive plus à communiquer avec eux. Comment faire ? Cet isolement se surajoute aux symptômes. À qui en parler en confiance ? Comment faire de la pédagogie aux autres alors que je peine à comprendre ce qu'il m'arrive. Ma famille est trop proche et en même temps trop loin. Comment en parler à mes supérieurs ? Comment avouer une faiblesse, alors que je suis en défaillance et que cela peut avoir des conséquences sur ma carrière ? En parler à mes camarades ? Oui mais pour leurs dire quoi ? Seuls ceux avec qui j'ai vécu la scène traumatisante peuvent comprendre ou tout le moins entendre ce que j'ai à dire.*

Pour comprendre ce qui m'arrive, je me renseigne sur internet, et fais une demande d'information via les moteurs de recherche bien connus. L'angoisse, l'inconnu, l'incertitude ne font que croître. Je suis très seul. Cette solitude me fait peur. »

Cette solitude exprimée face à de multiples questions peut entraîner un repli sur soi préjudiciable qui retardera une prise en charge thérapeutique adaptée. Une urgence se manifeste : l'établissement de lien de confiance avec un thérapeute. Cet ouvrage souhaite familiariser le patient et sa famille vis-à-vis de cette pathologie et ses possibles retentissements dans la vie quotidienne afin de ne pas subir les symptômes mais de les comprendre pour mieux s'orienter.

1.

Ce qu'il faut connaître du stress post-traumatique

Un peu d'histoire

Le syndrome de stress post-traumatique est une pathologie bien connue des combattants depuis l'Antiquité. Le terme de névrose traumatique fut créé en 1888 par l'Allemand Herman Oppenheim pour désigner les syndromes hystériques et anxio-phobiques suite aux accidents de chemin de fer. En 1889, Pierre Janet décrivait dans sa thèse *L'automatisme psychologique* vingt cas de neurasthénie et d'hystérie dont dix étaient d'origine traumatique. Avec l'hypnose, il met en évidence le souvenir traumatique oublié de la conscience, qui se comporte « en idée fixe », étant dissocié du reste de la conscience. Ce qui entraîne des réactions inadaptées liées au souvenir traumatique et des réactions adaptées liées au reste de la conscience. Sigmund Freud en 1893 dans *Communications préliminaires* reprend la théorie de Pierre Janet sur la dissociation de la conscience en y ajoutant le terme de réminiscence. Il développe une thérapeutique cathartique des névroses traumatiques, en faisant revivre au patient la scène traumatique avec l'ensemble de la charge affective, et en suscitant des associations, qui font sens pour le patient. La guerre russo-japonaise de 1904-1905 a vu se développer la psychiatrie de l'avant par défaut d'infrastructure ferroviaire pour évacuer les patients vers les hôpitaux russes. Les différents conflits, les première et seconde guerres mondiales, la guerre d'Algérie, le conflit des Balkans, la guerre du Vietnam ont contribué à préciser la définition du syndrome de stress post-traumatique et à caractériser sa thérapeutique. Près de sept cent mille soldats américains, sur les trois millions partis au combat lors de la guerre du Vietnam, présentaient des « post-Vietnam syndrom », avec leur cortège de troubles psychiatriques et de désinsertion sociale. Devant l'importance de ce problème médical et social, les auteurs de la nosographie américaine *DSM* (*Diagnostic and Statistical Manuel of Mental Disorder*) ont proposé dans la troisième édition *DSM3*, l'entité de Post-Traumatic Stress Disorder (PTSD).

La classification internationale des maladies de l'OMS, dans sa dixième révision, en 1992 adoptait le terme d'État de Stress Post-Traumatique. Une guerre sémantique opposait l'école américaine ne voulant pas du terme névrose, celui-ci ayant une connotation psychanalytique, et l'école française ne voulant pas du terme stress, relié à une pathogénie biologique. L'école francophone (L. Crocq, C. Barrois, G. Briole, F. Lebigot) a proposé un tableau clinique du syndrome psychotraumatique avec trois phases : immédiate, post-immédiate et différée. Aujourd'hui le terme de syndrome de stress post-traumatique (SSPT) est communément utilisé pour la phase différée. Le *DSM* dans sa cinquième édition en mai 2013 crée une rubrique distincte « Trauma- and Stress or-Related Disorders » ou Troubles liés au traumatisme et au stress, incluant le SSPT et l'état de stress aigu. En 2009, une réunion du Military Mental Health expert panel annonçait 5 % d'état de stress post-traumatique (ESPT) chez les soldats britanniques de retour d'Irak, de 14 à 19 % chez les soldats américains.

En France, le chiffre officiel donné par le ministère de la Défense en décembre 2013 est de 900 soldats atteints de SSPT suite au retour d'Afghanistan. Le rapport d'information déposé le 16 décembre 2014 en conclusion des travaux d'une mission d'information parlementaire sur les blessés de guerre conduite par les députés Emilienne Poumirol et Olivier Audibert-Troin précisait « *plus de 1 000 pathologies psychotraumatiques se sont développées depuis l'Afghanistan en notant pour l'année 2011 298 cas, pour l'année 2012, 282 cas et pour l'année 2013 359 cas* ». À côté des données concernant les blessés psychiques, il semble d'après le Service de santé des armées que 70 % des blessés physiques ont un état de stress aigu et 30 % des blessés physiques présenteront un état de stress post-traumatique.

Les clefs médicales pour comprendre

Une définition

Un évènement est dit potentiellement traumatique lorsqu'il y a confrontation avec la mort pour soi ou pour autrui. Une effraction du psychisme peut se produire. Nous parlerons alors de blessure psychique. Un évènement potentiellement traumatique, « c'*est un phénomène qui bouleverse le psychisme en réponse à un évènement qui implique une menace de mort, ou une altération de l'intégrité physique ou psychique, comme par exemple une agression individuelle, un viol, un accident grave, une embuscade, un attentat, une catastrophe* », selon le Professeur Crocq.

On distingue l'état de stress aigu, où une dissociation péri-traumatique peut survenir. Le sujet voit ce qu'il passe comme s'il était étranger à lui-même. Il est comme spectateur de la scène traumatique et en éprouve une détresse intense. Si le patient peut décrire cette scène à un premier intervenant sur zone (collègue, médecin, psychologue, secouriste) et que la dissociation est symptomatique, cela devient un marqueur de sévérité et signale la nécessité d'une prise en charge précoce par un professionnel de santé spécialisé du fait de la gravité du traumatisme vécu par la victime. Cette dissociation permet une distance émotionnelle ou sensorielle et constitue de fait une protection du psychisme. Face à une agression trois attitudes peuvent se voir : la fuite, le combat, la catalepsie. Cette dernière, pouvant être associée à la sidération, a un caractère protecteur car limiterait les effets négatifs du traumatisme sur le psychisme.

En résumé, le syndrome de stress post-traumatique est un ensemble de symptômes survenant à distance d'un évènement traumatique (confrontation avec la mort pour soi et ou pour un proche et ou pour un groupe), symptômes plus ou moins réversibles, pouvant invalider la vie relationnelle et professionnelle. Le critère étiologique est l'exposition à un évènement traumatique, associé à un temps de latence. Ce délai de latence peut aller d'un mois à plusieurs années, voire des dizaines d'années.

La clinique comporte trois volets essentiels

1. Le syndrome de répétition qui comprend sept manifestations

1. des reviviscences hallucinatoires,
2. des reviviscences par illusion,
3. des souvenirs forcés,
4. la rumination mentale,
5. le vécu, comme si l'évènement allait se produire,
6. l'agir, comme si l'évènement se reproduisait,
7. le cauchemar de répétition et souvent le somnambulisme.

Le vécu du syndrome de répétition associe une détresse psychique, un orage neurovégétatif, un raidissement du corps comme une mise en alerte, une hypervigilance. Les circonstances de survenue sont spontanées, en réponse à un stimulus évocateur, ou surviennent lors des baisses de niveau de conscience par exemple à l'endormissement.

2. L'altération de la personnalité

Cette altération est visible à travers deux points principaux. D'une part, la régression libidinale et la membrane invisible : le patient a l'impression d'être enfermé dans une membrane invisible, étant dans l'incapacité de communiquer avec autrui et, d'autre part, le triple blocage des fonctions du moi selon le psychiatre Otto Fenichel[1] :

1. blocage de la fonction de filtration : il n'est plus en mesure de distinguer dans l'environnement ce qui est

1. Médecin et psychanalyste autrichien lié au cercle de Freud.

dangereux de ce qui est ordinaire. Il sursaute au moindre bruit ;
2. blocage de la fonction de présence : le monde lui paraît lointain. Il ne se sent plus concerné par le monde dans lequel il se trouve. Il ne trouve plus d'intérêt dans des activités qu'il pratiquait jadis avec plaisir. Le monde lui paraît sans issue, d'où une profonde détresse, et une grande amertume ;
3. blocage de la fonction libidinale.

Le trauma a provoqué un triple effondrement de la fonction narcissique avec un effondrement du sentiment d'invulnérabilité, un effondrement de la conviction que le monde est protecteur et enfin un effondrement de la confiance espérée du secours d'autrui. Le patient n'a plus la même capacité d'établir des relations avec autrui, et noue des relations nouvelles complexes méfiantes et possessives. Ceci a des conséquences négatives sur la vie familiale.

3. Des symptômes non spécifiques

- une asthénie[1] physique, psychique et sexuelle,
- une anxiété,
- un syndrome psychonévrotique (crises ou conversions hystériques, phobie, rituels obsessionnels),
- des plaintes somatiques[2] et psychosomatiques[3],
- des troubles des conduites alimentaires, addictions, auto/hétéro-agressivité.

Les recommandations de la Haute Autorité de Santé pour le traitement de l'état de stress post-traumatique chronique depuis plus d'un an, faisant partie des Affections de Longues Durées ont pour objectif de « *diminuer les symptômes, les comorbidités et les incapacités après un événement traumatique, réduire le*

1. Affaiblissement de l'organisme, fatigue.
2. Douleur du corps physique par opposition à la dimension psychique.
3. Troubles physiques occasionnés par des facteurs psychiques.

niveau de détresse et prévenir les récidives à long terme, améliorer le fonctionnement et la qualité de vie, obtenir le minimum d'effets indésirables des traitements». Le soutien psychosocial constitue une aide importante avec l'aide des associations et la connaissance des droits à réparation.

Le traitement repose sur

– Une psychothérapie structurée selon plusieurs modalités.

• La thérapie cognitivo-comportementale (TCC) est recommandée. Centrée sur le traumatisme, elle suit une démarche de résolution de problème. La TCC a comme objectif de remplacer les idées négatives et les comportements inadaptés par des pensées et des réactions en adéquation avec la réalité.
• La thérapie EMDR[1] apparue en 1980 utilise la stimulation sensorielle des deux parties du corps soit par le mouvement des yeux, soit par des stimuli auditifs ou cutanés. L'EMDR est contre-indiquée en cas de pathologie psychotique.
• Les techniques d'hypnose peuvent être bénéfiques sur certains symptômes (douleurs, anxiété, cauchemars).

Le traitement psychothérapique est proposé quel que soit le délai écoulé depuis le traumatisme. Ce traitement est conduit en entretiens individuels, habituellement au nombre de 15 à 20 séances, au rythme de 1 ou 2 par semaine. En l'absence d'amélioration ou en cas d'amélioration limitée, une réévaluation du diagnostic est nécessaire. Un changement de thérapie ou une intensification de la thérapie associée à un traitement médicamenteux peuvent être proposés.

– Un traitement médicamenteux

Il est indiqué dans les formes chroniques durant depuis plus d'un an (dépression quasi systématiquement associée). Les inhi-

1. EMRD : Eye Movement Desensitization and Reprocessing.

biteurs de la recapture de la sérotonine sont recommandés en première intention avec la sertraline (Zoloft®) et la paroxétine (Déroxat®). Des recherches sont effectuées actuellement sur l'utilisation des β bloquants. Les benzodiazépines sont à utiliser à minima et pas systématiquement. En pratique, la séquence thérapeutique démarre par une période de stabilisation pendant deux à trois mois, afin de tester son efficacité, puis se poursuit par un traitement d'entretien pendant douze mois. L'interruption du traitement doit se faire progressivement par une diminution de palier de 25 % sur deux mois. Le SSPT faisant suite à un état de stress aigu, il faut rappeler que la précocité de la prise en charge du patient immédiatement après l'évènement traumatique est fortement conseillée avec le *defusing* et le débriefing dans la logique de l'approche cathartique de Freud. De quoi s'agit-il ?

Le *defusing* se traduit littéralement par déchoquage ou désamorçage. Il s'agit de la verbalisation immédiate après l'incident des faits, des émotions et des pensées par la victime. Concrètement on fait s'exprimer les acteurs de l'incident. Le *defusing* a pour objectif de favoriser la décharge émotionnelle, de réduire si possible l'intensité des symptômes générés par l'incident et de relier l'évènement au cours des choses.

Le débriefing est réalisé en immédiat ou post-immédiat idéalement entre le 2e et le 10e jour après le traumatisme. Initié aux Etats-Unis par les services secrets selon T. Salmon, le débriefing à la française a dix objectifs à atteindre selon le Pr Crocq :

1. Ménager un espace-temps intermédiaire
2. Conforter la personne (non abandonnée mais autonome)
3. Inciter à la verbalisation du vécu (visée cathartique)
4. Informer par oral et par écrit sur les symptômes et les lieux de consultation
5. Faciliter l'identification du sujet aux autres
6. Renforcer la cohésion du groupe
7. Aider à réduire les sentiments d'impuissance et d'échec
8. Préparer le sujet à affronter sa famille et son entourage

9. Repérer les sujets fragiles et en aparté leur proposer un soutien
10. Inviter le sujet à mettre un point final à son aventure

Le traitement comporte une dimension psychothérapique et médicamenteuse, dont l'efficacité est renforcée si le patient bénéficie de la sollicitude de l'entourage familial et/ou social, de la reconnaissance par l'État de la souffrance et du traumatisme vécu. Cette dimension sociétale fait partie intégrante du processus de réparation et de reconstruction du militaire atteint.

Quel que soit le type de thérapie envisagé, le cadre de consultation constitue et construit l'alliance thérapeutique. Celui-ci se met en place après un bilan médical somatique, la recherche des antécédents familiaux et personnels, un bilan de la situation socioprofessionnelle ainsi que des éléments sur le contexte judiciaire éventuellement, en cas de passage à l'acte auto- ou hétéro-agressif.

Pour le thérapeute, il est important de prendre en compte une notion essentielle : la victime du traumatisme ne veut pas être considérée comme malade. Souvent elle consulte tard car elle a honte d'être malade, cherche seule des explications devant ces symptômes, ces attitudes qu'elle ne comprend pas. Elle écoute, se renseigne sur internet ou par ses réseaux. Cette quête solitaire se déroule souvent dans une grande angoisse associée à une détresse psychologique. Les premiers contacts avec le thérapeute peuvent être difficiles. Le patient cherche à contrôler la situation. Il teste la confiance et la compréhension par le praticien d'une situation qu'il n'a pas vécue sauf si le dialogue s'instaure avec un médecin ou un psychologue ayant été sur le théâtre d'opération. Si la scène du traumatisme s'est déroulée dans un contexte sécuritaire ou militaire particulier, la discrétion liée à l'environnement est un élément de mise en confiance supplémentaire demandé de façon claire ou inconsciente par le patient au thérapeute.

La relation, qui s'établit entre le thérapeute et le patient, est collaborative, conduisant à un sentiment de confiance, de sécurité, permettant à ce dernier de se situer dans une zone de confort. Pour le thérapeute, il s'agit de travailler ensemble à un objectif commun, de donner au patient une meilleure connaissance de ce qu'il a vécu, et de valider son expérience de victime avec empathie. Il s'agit d'amener le patient à mettre du sens sur ce qui a été vécu, de réinscrire la scène traumatique dans une histoire et une temporalité. Cette étape aidera le patient à redevenir acteur et actif dans son processus thérapeutique, afin qu'il intègre la logique de la prise en charge. Enfin tel un alpiniste qui gravit une montagne accompagné par un guide, le thérapeute accompagne le patient pour le rendre « sécure » dans ses appuis et dans sa progression. La victime du trauma doit comprendre le processus thérapeutique, afin d'adhérer pleinement au traitement, ce qui en potentialisera l'efficacité.

Le thérapeute devient également un pédagogue en lui donnant autant que possible des explications sur les conséquences connues du traumatisme, en lui expliquant la clinique, en l'encourageant à poser des questions. L'objectif est d'établir un véritable contrat thérapeutique de reconstruction. Le lien qui se noue entre le thérapeute et le patient est un facteur clef de réussite et se situe dans la durée. Une stabilité dans l'offre de soin est préférable.

En effet, la thérapie constitue un processus global pour sécuriser la famille, établir les besoins urgents, initier des réflexions sur les points de rupture et les points *sécure*, permettre l'affirmation de soi dans une perspective de réhabilitation, favoriser le récit du traumatisme, agir tant sur le mental que sur le physique par de la relaxation, et répondre à toutes les questions possibles. Tout au long de la démarche de soin, il semble important que le thérapeute réaffirme au patient son intérêt pour le traumatisme, et son univers professionnel, afin de consolider le contrat établi entre eux.

Ce cadre thérapeutique comporte quelques modalités décrites ci-dessous, dont le respect est bénéfique.

– installer la sécurité dans le déroulement même des séances : le lieu, le cadre, les horaires,

– valoriser les failles,

– donner le plus d'explication possible sur les symptômes,

– augmenter la concentration et la vigilance,

– apprendre à vivre, à sentir le présent,

– pour les syndromes de répétitions, tenir un journal de bord pour identifier les émotions, les facteurs déclencheurs,

– évaluer ses réactions en situation de danger : par exemple « *J'ai peur, quelles sont mes réactions ? Je mets en route le logiciel survie ? Quelles sont mes pensées ? Suis-je devenu impuissant ? Vais-je souffrir ? Ou bien vais-je réussir à gagner ?* »,

– repérer quel comportement est actionné : la fuite, le combat, l'inhibition, la dissociation. Si la situation de danger se répète, pour le patient, en dépit du manuel de survie, le danger est toujours d'actualité, et pour lui « *c'est toujours de ma faute* ».

Tout cela est à mettre en perspective avec l'entraînement et la formation personnelle. La TCC (thérapie cognitivo-comportementale) permet après une évaluation, une réappropriation par le sujet de situations qui faisaient l'objet d'évitement. Progressivement le thérapeute expose le traumatisme, les situations évitées car la situation est ressentie, vécue et ou considérée comme dangereuse par le patient. La recherche de signal déclencheur ou de signe associé est entreprise. L'exposition progressive est initiée afin de permettre au patient de percevoir un sentiment de contrôle de la situation et de vérifier que le danger n'est pas permanent, n'est pas réel. Le patient doit être réassuré, physiquement, psychologiquement par le thérapeute.

Le dispositif militaire

Le livre blanc 2013 de la défense et de la sécurité nationale a réaffirmé le rôle primordial du Service de santé des armées (SSA).

La santé est un élément essentiel pour la stratégie de défense et de sécurité nationale, car elle constitue le soutien des forces, et permet leur maintien opérationnel. Le SSA est la « colonne vertébrale » médicale, médico-psychologique de l'institution militaire, assurant la formation de tous les acteurs intervenant autour du militaire, apportant une information et un conseil au commandement, délivrant une expertise et la prise en charge médicale adéquate. Le SSA a créé et développé le concept de médicalisation de l'avant, en organisant une présence médicale sur la zone de combat avec les militaires engagés. Ce service de santé possède une expertise unique en gestion de crise que ce soit en OPEX, ou en situation de crise intérieure. Recentrage sur son cœur de métier et complémentarité avec le service public de santé sont les deux axes du projet de réorganisation du SSA présenté le 25 novembre 2013.

Les plans traumatismes psychiques

Après un premier plan 2011-2013 dont l'objectif était de garantir à tout militaire ou ancien militaire, victime de trouble psychique du fait du service, le soutien et la reconnaissance qu'il est légitimement en droit d'attendre de l'institution et de la nation, le plan 2013-2015 *Plan d'action troubles psychiques post-traumatiques dans les armées, lutte contre le stress opérationnel et le stress post-traumatique* réaffirme que la prise en charge des troubles psychiques est une priorité du ministère de la Défense, tant pour l'état-major des armées, que pour le Service de santé des armées.

Le contexte international démontre la nécessite d'un soutien psychologique des soldats engagés dans des conflits particulièrement durs. Ce fut le cas en Afghanistan, récemment au Mali et en République Centrafricaine. Un travail considérable de formation et de communication a été effectué. La dynamique entreprise depuis le premier plan continue. Ainsi ce deuxième plan en préparation reprend les axes principaux du plan 2011-2012 en les complétant par trois nouveaux thèmes : le soutien psychologique des forces spéciales, la coordination du soutien aux familles et aux proches, avec une meilleure intégration aux réseaux de soin civils et les échanges de bonnes pratiques avec les armées alliées.

Le numéro vert écoute défense[1] est un numéro gratuit et anonyme ouvert au profit des militaires d'active, de leur famille mais également d'anciens militaires, des civils de la défense ainsi qu'à leur famille Il a reçu 330 appels en un an (janvier 2013-janvier 2014) dont 176 syndromes de stress post-traumatique. Des psychologues du Service de santé des armées répondent aux sollicitations, interrogations.

L'objectif n'est pas de traiter mais d'orienter les personnes vers les services adaptés qu'ils soient civils ou militaires. Pour être efficace, ce réseau de professionnels de santé civil et militaire doit être constitué et identifié. L'appelant doit pouvoir le joindre selon trois principes : la proximité, la sécurité et la confidentialité. Le professionnel recommandé par le psychologue d'écoute défense doit constituer, pour la personne en demande, une continuité de la famille de la défense. S'il s'agit d'un ancien militaire, il doit trouver un praticien qui lui donne l'impression de reprendre une conversation interrompue quelques mois ou quelques années auparavant. Des mesures spécifiques pour l'armée de terre furent entreprises avec la signature d'une convention entre le SSA et l'état-major pour le financement de séances de psychothérapie assurées par des psychologues libéraux au profit de militaires blessés résidant dans des zones non couvertes par des hôpitaux militaires.

L'approche globale mise en place par l'institution militaire pour le traumatisme psychique peut se décliner autour des principes suivants :

- une doctrine de proximité associant précocité et permanence dans la continuité des soins, et fixant le cadre des interventions sur le terrain,
- des modules de formations spécifiques pour les militaires, pour les médecins et les infirmiers,

1. Chiffres fournis par le rapport d'information déposé le 16 décembre 2014 en conclusion des travaux d'une mission d'information parlementaire sur les blessés de guerre conduite par les députés Emilienne Poumirol et Olivier Audibert-Troin.

- un maillage territorial avec l'affectation de psychologues dans les centres médicaux des armées éloignés des hôpitaux militaires,
- une cohérence dans l'action des différents intervenants (SSA, commandement) avec une charte d'organisation
- une communication à l'égard des familles des soldats blessés,
- un guide interarmées du militaire blessé,
- un numéro d'appel pour les blessés psychiques et leurs famille : le numéro « Écoute Défense ».

Ainsi un parcours de soin est organisé à partir du médecin des forces, médecin de proximité présent sur les zones de combat jusqu'au retour en France. Il est le premier interlocuteur médical en cas de traumatisme et suivra le patient. La présence en OPEX de psychiatre et psychologue permet d'initier la prise en charge psychologique immédiatement après un incident. La coordination des soins de retour en France nécessite une connaissance de l'offre de soin civile afin d'établir une complémentarité entre les deux secteurs d'activité. Plus qu'un parcours de soin, un parcours de santé civilo-militaire se construit autour du patient et de sa famille. L'ouverture de l'expertise militaire vers les autres professions touchées par le stress opérationnel serait très positive, construisant une politique de santé publique pour les opérateurs régaliens.

2.

Toute la société est concernée

Le métier militaire : des valeurs, des codes, une cohésion

Chaque milieu professionnel a des codes, des valeurs, un langage qui lui est singulier. Pour comprendre les interactions qui se jouent entre les acteurs, la connaissance de ce qui les relie et les différencie est essentielle. Après plusieurs mois d'entretien avec des militaires des différentes armes et leur famille, des commandants, des aumôniers, des professionnels de santé, je ne prétends pas connaître les codes militaires, mais j'ai perçu des spécificités très fortes conditionnant toute approche pour un praticien civil. Prendre conscience du cadre de vie professionnel, de ses particularités, est un élément important pour la suite du processus thérapeutique. Il est structurant, protecteur, riche de belles solidarités et de belles cohésions. Il sera important par la suite pour créer un cadre thérapeutique de reconstruction, de le faire en se souvenant de ces particularités. Connaître sa culture, son environnement, son système de valeur, est essentiel pour se créer un cadre de reconstruction réconfortant, bienveillant, et porteur de sens par rapport au métier, à la fonction exercée lors de la survenue du traumatisme. Les valeurs, la cohésion du groupe, le sens de la mission sont des mots clefs qui reviennent régulièrement dans les conversations.

Des valeurs

Les valeurs réaffirmées lors de la préparation militaire au combat sont les suivantes : une force morale élevée et un conditionnement global. Avant de s'engager sur un théâtre d'opération le militaire se prépare psychologiquement, intellectuellement, physiquement avec la volonté de vivre son engagement de militaire totalement, car « l'action » est le sens même du métier de militaire.

Pourtant les militaires de retour en France peuvent entendre dans la société civile des propos peu sympathiques du style : « *c'est votre métier, c'est vous qui l'avez choisi !* » Celui ou celle qui prononce ces paroles n'a évidemment aucune idée de ce que représente la dureté de certaines situations au combat. Ce décalage, voire cette incompréhension avec la population, peut être perçue comme une injustice. Être militaire signifie que, dans chaque action, on prend le risque de tuer, d'être tué et d'engager son intégrité physique, psychique et spirituelle. Ce n'est pas un métier comme les autres. Cela serait un signe d'humanité pour le soldat que ses concitoyens en soient pleinement conscients.

La cohésion du groupe

La cohésion du groupe, de l'unité, de l'équipage est l'autre élément structurant de toute vie militaire. Quels que soient l'arme, le régiment, l'équipage, le groupe constitue une vraie famille avec des liens d'une force extraordinaire basés sur une solidarité et une confiance mutuelle puisque la vie de chaque soldat dépend du comportement des autres. Un militaire ne peut pas jouer en solo, être individualiste. Sur les zones de combat, il est souvent en binôme, sauf pour des opérations spéciales. Tous frères d'arme, ils partagent la peur, la concentration, la tension, l'attente, l'action, et les émotions. Ils se comprennent par le regard, par un geste, sans grand discours. Quoiqu'il puisse arriver à l'un d'eux, ils resteront à jamais reliés.

La reconstruction nécessitera de retrouver ce groupe, de retrouver les frères d'arme avec lesquels il est possible de partager des histoires vécues ensemble, en se comprenant au-delà des mots puisqu'ils ont vécu les mêmes situations, connu les mêmes conditions de vie, mangé la même ration de combat, et partagé les jeux de cartes, les plaisanteries, bref tout ce qui se joue au quotidien et permet de construire des liens de camaraderie. Ils ont aussi connu la même peur, la même excitation, la même joie, la même montée d'adrénaline en se préparant à un exercice ou à une zone de combat.

Le chef

Ce groupe a un chef, qui est véritablement le chef de famille. *Chef de corps* pour l'armée de terre, *Pacha* sur un bâtiment de la marine, *Commandant* pour l'aviation, il est le garant de l'unité du groupe, est la référence, assure la cohésion et donne le sens de la mission. Sur un théâtre d'opération, on est loin de Paris, des décisions politiques ou stratégiques et le soldat s'en remet à son chef pour partir au combat avec une confiance totale. Il s'en remet à ses décisions en acceptant toutes les conséquences des actions qu'il aura à conduire.

Après une scène traumatisante, ce qui ressort des différents échanges, c'est que l'on s'en sort mieux si le sens de la mission est clair. Savoir et comprendre pourquoi on est engagé donnent de la cohérence dans des situations qui n'ont plus de sens et qui ressemblent souvent au chaos. J'ai essayé de trouver des facteurs protecteurs dans la gestion du stress opérationnel. Quelques traits se dégagent sans que l'on puisse en tirer des résultats généralisables. Les facteurs protecteurs semblent être la cohésion, la dynamique du groupe, l'entraînement physique et mental poussé, l'aguerrissement, le sens de la mission donné par le chef, le sens même de la mission, comme ce fut le cas avec l'action humanitaire entreprise en Haïti suite au séisme du 12 janvier 2010. Cependant, l'entraînement et la préparation au combat ne font pas tout car des membres d'unités particulièrement entrainées (comme les forces spéciales) et exposées aux violences des combats peuvent également être victimes d'un syndrome de stress post-traumatique.

Les points faibles sont quant à eux regroupés autour de deux contextes :

1. une situation où le soldat ne peut pas riposter alors qu'il est pris pour cible comme ce fut souvent le cas lors de déploiement de casque bleu sous mandat ONU ne permettant pas l'emploi de la force (intervention sous chapitre 6 de la Charte). En revanche se battre sous chapitre 7 de la Charte des Nations Unies donne un cadre qui permet la riposte et prévoit quelles actions peuvent être entreprises en cas de menace contre la paix, de rupture de la paix et d'actes d'agression.
2. Une mission dont le sens n'est pas clair pour le combattant et pour l'environnement familial, ce qui accroît la vulnérabilité du soldat et de son entourage.

Ce qui ressort en écoutant les militaires est ce sentiment d'engagement sans faille et sans limite. En effet, les soldats aiment leur mission au-delà des questions et des interrogations naturelles qu'elle peut susciter. Je n'ai jamais entendu la moindre critique liée à l'action ou au déroulé de la manœuvre, même si les conséquences étaient dramatiques pour eux ou pour leurs camarades. Dans les situations difficiles comme celle de la récupération des corps sans vie après le crash du vol Air France Paris-Rio, l'essentiel pour supporter la dureté de l'opération était le bon esprit, le sentiment de faire son métier au sein de l'équipage. Le message passé à l'ensemble des intervenants par le commandement était le suivant : « *surtout ne pas avoir d'orgueil, de culpabilité, de fausse honte si des moments sont trop durs* ».

La reconnaissance de la difficulté de la mission, par le commandement, par les autorités et aussi par les médias est aussi essentielle. Les messages de soutien du commandement, des autres camarades, de la société et de la hiérarchie sont très importants dans des situations particulièrement éprouvantes pour les militaires. La venue sur zone d'une équipe médicale, de l'aumônier constitue en soi un renfort psychologique avant même le début d'une prise en charge adaptée.

L'acceptation d'une prise en charge médicale psychologique et/ou psychiatrique n'est pas évidente pour un militaire, cela pouvant être encore considéré comme *la médecine des fous* ou celle des faibles. Des progrès considérables ont été faits dans ce domaine pour une meilleure connaissance de la psychologie. Cependant, demeurent encore des appréhensions quand à cette discipline médicale. Il est plus facile, plus glorieux, plus valorisé de consulter un chirurgien pour une blessure physique de guerre qui sera un témoignage, un symbole, une marque de courage et de bravoure au combat que de voir un psychiatre car « *cela ne va pas bien dans ma tête* ». Mes propos peuvent paraître caricaturaux mais il reste dans l'inconscient collectif des militaires une méfiance voire une défiance pour les pathologies mentales. Je cite ci-dessous, à titre d'exemple, quelques bribes de discussions que j'ai eues avec des soignants militaires ayant subi eux-mêmes un syndrome de stress post-traumatique suite à un évènement traumatique en zone de combat.

Leurs premières réflexions étaient le besoin de connaître cette pathologie et sa clinique. Pouvoir répondre à ces questions : « *Quels sont les symptômes ? Comment les reconnaître ? Comment les accepter ? Comment vivre avec ?* » Et puis une autre question qui était exprimée avec insistance, angoisse et inquiétude : « *Que vont-ils penser de moi ?* », les « *ils* » étant les camarades de promotion, les collègues soignants, les militaires qu'ils accompagnaient et surtout les chefs.

Dans les circonstances de survenue de l'accident, ce qui est vécu le plus durement c'est de ne pas pouvoir riposter, d'être pris par surprise alors que l'on est super entraîné. Après un évènement traumatisant, un soldat qui a pu discuter avec un psychiatre sur zone a déclaré : « *J'étais bien dans mon unité, avec mon équipe, dans ma mission. Je n'avais pas envie de partir, de quitter mes camarades.* » En conséquence, le retour en France et à la vie civile a été générateur de nouvelles difficultés avec la confrontation au manque de reconnaissance de certains individus rencontrés qui exprimaient au mieux de l'indifférence, au pire de l'agressivité : « *vous l'avez bien cherché, vous n'aviez rien à faire là-bas !* »

Les conseils donnés pour se préparer sont d'anticiper ce retour, en intégrant un temps d'adaptation à la vie civile. Nous en reparlerons dans les pages suivantes.

Un militaire témoigne : « *L'isolement amical, social ou familial est très présent : personne ne peut comprendre ce que j'ai vécu. Vers qui aller pour parler de son mal-être ? De ces images que l'on ne peut oublier, de ces odeurs, de ces bruits ? Vous êtes pris entre le désir de tourner la page, et celui de partager cette expérience avec vos frères d'armes, vos compagnons. Mais si vous êtes rapatrié en France, vous n'êtes plus dans le groupe, dans la mission. La transition est très violente, presqu'autant que la scène traumatisante.*

Vous étiez un guerrier, sûr de vos valeurs, du sens de votre action et vous vous retrouvez sans votre arme dans la salle d'attente d'un psychiatre au milieu de civils, même si vous êtes dans un hôpital militaire. Là vous vous dites : je suis fou ! Vous êtes au plus bas de l'estime de vous. Vous êtes au fond du trou encore plus bas même. Quelle déchéance ! Qu'est-ce qui vous arrive ! Vous éclatez en sanglots, et là vous êtes encore plus bas. Vous continuez votre descente aux enfers. »

Ce qui ressort de cet entretien est la grande souffrance d'avoir dû quitter le groupe, d'être isolé sans pouvoir partager avec quelqu'un qui a vécu des choses semblables. Pour se faire aider, ce militaire dit avoir utilisé les réseaux sociaux. À travers eux, d'autres militaires en souffrance ont pu parler ensemble et échanger leurs sentiments.

Ainsi, trouver un moyen pour faire communiquer entre eux des militaires blessés psychiques semble être une piste à étudier, en respectant des règles de sécurité et de confidentialité. Cette difficulté de trouver des espaces de communication est encore plus accentuée dans le cas des personnels médicaux eux-mêmes lorsqu'ils sont sujet à un stress post-traumatique. En effet, il n'existe pas d'immunité absolue pour les docteurs ou les infirmiers, non plus pour les psychologues. Le SSPT des soignants est également un véritable sujet en soi

Lors d'un témoignage dans la presse, un membre des forces spéciales après l'explosion d'un IED (engin explosif improvisé) décrit la peur qu'il a ressentie devant des symptômes inconnus, devant sa personnalité qu'il ne reconnaissait pas. Il avait peur de devenir fou sans que personne ne le sache, le sentiment de glisser vers les abymes. Il est resté six ans sans en discuter. Il n'avait jamais entendu parler du syndrome de stress post-traumatique. Sa vie personnelle a été détruite. Il a été ensuite hospitalisé en psychiatrie, hospitalisation décrite par ses enfants comme «*Papa va chez les toc-toc*». Il devait faire 700 km pour aller voir sa psychiatre militaire. Le trajet est devenu un parcours du combattant et une contrainte. Dans ce genre de situation, il existe un vrai risque d'abandon de la prise en charge médicale avec des conséquences médicales et personnelles néfastes. Cette histoire montre l'importance d'une prise en charge rapide, de proximité mais aussi la nécessité de faire une large information sur le SSPT, dans les régiments, les bases aériennes et les bases de la marine. Cependant l'information peut passer difficilement, car même si les mentalités évoluent, ce n'est pas toujours évident de reconnaître une défaillance dans un système de valeur fondé sur le courage et le dépassement de soi.

Un accompagnement cohérent et un trio gagnant

Le rôle du commandement

Le sujet du stress opérationnel et celui du syndrome de stress post-traumatique ne peuvent se comprendre sans une approche globale. La préparation au combat dans une situation donnée relève du commandement. Cette étape est essentielle car elle permet de préparer physiquement et mentalement les soldats, de bien définir l'action qui sera menée, et d'anticiper le retour.

Lors du départ, il est difficile de parler de la mort aux jeunes soldats qui vont combattre. Le chef aimerait dire à ses hommes : «*j'espère vous ramener tous intacts !*», mais une parole de vérité serait plutôt : «*Nous partons pour remplir notre mission. Nous ne reviendrons pas tous intacts. Certain rentreront avec des problèmes physiques, psychiques, car la guerre tue, et blesse. Mais nous aurons fait notre devoir.* »

La cohésion sociale du groupe est la base humaine, salvatrice de solidarité et d'humanité pour les soldats. Heureusement, aujourd'hui, le sujet de la blessure psychique n'est plus une honte, n'est plus un tabou. La parole circule entre les chefs, leurs hommes et les familles. Dans la formation, le sauvetage de combat permet à tout militaire de réaliser des gestes de premiers secours mais aussi des gestes de sauvetage si un de leurs camarades est blessé (pose d'un garrot devant une hémorragie, délivrance d'antalgique…). Le sauvetage de combat donne les premiers gestes pour la blessure physique. Qu'en est-il de la blessure psychique ? Dans l'armée de terre, des officiers appelés « officier environnement humain » sont au contact des militaires. Leur rôle n'est ni technique ni tactique mais consiste à s'assurer de la vie harmonieuse en commun. En observant les comportements et les réactions, ils peuvent déceler les difficultés, les souffrances et le mal-être, et alerter les psychologues.

La cohésion constitue le véritable ciment du groupe. Elle se construit par le travail de tous, mais surtout du commandant. Il est comme un chef d'orchestre s'assurant que les soldats peuvent s'exprimer, que le groupe est soudé par une fraternité d'arme, mais aussi par du respect et de l'estime réciproque. Cela implique aussi de ne pas déchoir. Le regard de l'autre est un trésor. Des séances de cohésion sont organisées, avec des entraînements physiques poussés afin de révéler les personnalités dans l'effort, la fatigue, l'endurance et parfois la souffrance et le dépassement de soi. Des difficultés surmontées ensemble forgent le mental du groupe. Le rôle du chef de proximité est important dans la préparation opérationnelle. Au quotidien avec ses hommes et ses femmes, il peut cibler les vulnérabilités individuelles et collectives en cas d'adaptation à des situations de crises non conformes. Cette observation conduira à une cartographie des vulnérabilités, qui pourront être traitées par des actions ciblées.

Le commandant est celui qui donne le sens à la mission. Le respect dû à sa position, son expérience lui confère une autorité naturelle sur son unité, son équipage. L'action est décidée.

La situation est tendue. La violence des combats induit naturellement la peur, le réflexe d'isolement, de fuite, mais la préparation de la mission, le sens donné par le chef et la force donnée par la cohésion du groupe permettent de surmonter la panique, la stupeur, la peur. L'action se poursuit malgré l'horreur. On ne réfléchit pas. On ne s'arrête pas. On utilise les réflexes acquis lors de l'entraînement et ses propres réflexes de survie. Puis le calme revient, on voit alors les blessés et les morts.

Dans cette phase d'immédiateté, la parole du chef répare, redonne confiance. En disant « *tu as fait ton devoir, tu n'as pas failli* », le chef redonne au soldat blessé physiquement ou psychologiquement sa dignité de guerrier, de combattant. Ce moment est essentiel dans le processus de reconstruction du soldat. Que son chef lui dise « *tu n'y es pour rien* » est salvateur. Un débriefing à chaud se fait avec le commandement pour décrypter les faits sur le plan tactique et du renseignement. Ensuite le médecin des forces prend le relais sur le plan médical et/ou médico-psychologique. L'aumônier aussi, quel que soit son culte, est souvent présent en OPEX. Son rôle est complémentaire de celui du commandant et du médecin.

En fonction des situations, le commandant peut demander sur avis du médecin, des renforts avec l'arrivée de psychiatres et psychologues. Il décide aussi après avis médical du rapatriement de soldats blessés. Là, intervient une difficulté. Quand un soldat blessé physiquement est évacué, il est sur un brancard avec du matériel médical, une perfusion, des pansements. Le motif de son départ du groupe est visible. Mais quand un blessé psychique quitte le groupe par évacuation médicale, il le fait sur ses deux pieds, sans pansement visible. Même si la communication autour de la blessure psychique s'est développée, il n'en reste pas moins un sentiment de frustration, de désertion vis-à-vis du groupe et de grande solitude. Cette force incroyable du groupe, cette solidarité, cette fraternité n'existe plus.

Le soldat se retrouve dans une immense solitude, face à son traumatisme. Pour un guerrier, quitter le théâtre d'opération pour se retrouver dans une chambre d'hôpital en psychiatrie est très violent au regard de l'estime de soi. Les commandants interrogés me disaient que tout était fait sur zone avec le médecin, le psychiatre, les officiers « environnement humain » pour maintenir le soldat au sein du groupe, à l'exception bien sûr des indications médicales urgentes. L'humanité du chef de corps ou du commandant vis-à-vis de ses hommes est un rempart contre l'inhumanité de la guerre.

Le suivi des soldats lors du retour et ensuite dans la vie quotidienne est très important quoique délicat. Le sas de Chypre[1] permet de commencer à quitter ses réflexes guerriers d'autodéfense, pour ne pas considérer une porte qui claque au sein de l'hôtel comme une menace. Cela permet de « se détendre » entre personne ayant vécu la même situation. L'implication de toute la chaîne de commandement, dans cette période de transition, a entraîné l'adhésion des soldats, avec des retours extrêmement positifs. Le retour est très difficile. Le soldat est loin du groupe avec une famille aidante, aimante en attente de signes d'affection après une longue période d'absence, et qui a su organiser son quotidien pendant cette période. Le décalage entre le militaire et sa famille peut être important. Cette phase est prise en compte de plus en plus par le commandement, dans le soutien psycho-social.

Le rôle du commandant est aussi de faire le lien avec les familles. En mer, que ce soit pour des équipages de sous-marin ou de bâtiment de surface, la gestion de l'information des familles est effectuée avec grande attention. Tout d'abord, une absence de connexion peut se justifier en raison de l'activité militaire, ensuite, que faire d'une information pouvant déstabiliser le marin, sans qu'il puisse agir concrètement pour venir en aide à son épouse, ses parents, ses enfants ? Cette question, valable dans les différentes armées, représente un dilemme avec des avis contradictoires de la part des commandants, des marins et des conjoints. L'équilibre psychique du marin est essentiel pour lui et pour l'équipage. La vie en espace confiné constitue une boîte de résonnance démultipliée si un malaise survient. La sécurité de l'équipage est concernée.

---

1. Séjour dit de « décompression » de deux à trois jours organisé par l'armée française à Chypre pour tous ses soldats dans un environnement de loisir et de détente avant chaque retour en France d'un séjour en opération en Afghanistan.

Le médecin et l'aumônier sont deux interlocuteurs de choix pour faire baisser la pression. Ils sont hors de la chaîne hiérarchique, tenus au secret professionnel, et leur positionnement auprès du Pacha pour les marins, ou du Chef de corps pour l'armée de terre permet de passer des messages informels importants. Les infirmiers jouent également ce rôle d'écoute, de confident. Les temps de convivialité sont les moments les plus propices pour se confier. Un temps d'adaptation est nécessaire lors du retour. Ce temps est anticipé par la chaîne de commandement. Un suivi est mis en place par les médecins et les cellules d'aide aux blessés.

Que ce soit lors de la préparation, pendant l'OPEX, ou lors du retour, le commandant accompagne les soldats dont il a la responsabilité dans tous les aspects de leur vie, et donne de la cohérence à l'ensemble des actions menées. Je le redirai sans cesse. Dans cet environnement à risque, le leadership est très important, car il donne du sens à la mission, crée des cohésions et des solidarités.

Tel un chef d'orchestre, le chef donne le «*la*», le ton, le rythme, et diffuse un esprit gagnant de l'humanité et de la fraternité.

Les aumôniers

Les aumôneries sont présentes dans les quatre cultes majeurs représentés dans les armées : catholique, protestant, juif et musulman. Chaque aumônerie est placée sous la responsabilité d'un aumônier en chef et dépend du chef d'état-major des armées. Leur répartition est interarmées et s'effectue sur le territoire à partir des bases de défense. Les aumôniers interviennent dans la chaîne de soutien des militaires. Ils sont en dehors de toute hiérarchie et, lors de leurs échanges avec les soldats, ils se mettent au niveau du grade de leur interlocuteur.

Un aumônier plus particulièrement chargé des OPEX concourt à la désignation de ceux qui seront projetés avec les troupes sur les théâtres d'opération. L'aumônier «projetable» doit répondre à des critères d'aptitude médicaux et administratifs. Une fois la décision prise, il participe à la préparation appelée MCO : « *mise en condition opérationnelle* » avec les régiments engagés dans l'opération. Ce temps de préparation va lui permettre de faire connaissance avec les militaires avec lesquels il va passer plusieurs mois. Sur le théâtre d'opération, le rôle du « Padre », surnom donné à l'aumônier quel que soit son culte, par le soldat quelle que soit sa croyance, est fondamental. Il forme avec le commandant pour la marine ou le chef de corps pour l'armée de terre, et le médecin des forces, un trio « gagnant » essentiel pour la cohésion du groupe, le moral des soldats et la santé physique, spirituelle et psychique du militaire.

Souvent les conditions de sécurité liées au contexte géopolitique constituent une source de stress, car, tout en étant protectrices, elles révèlent la mesure du danger et des menaces et « *Il faut vivre avec* ». Lors d'un traumatisme consécutif à un fait lié au conflit (embuscade IED, tirs donnés ou reçus, camarades blessés ou décédés), le « Padre » constitue un recours privilégié. En effet, dans ce cas, soit le soldat devient mutique (symptomatologie connue proche de la sidération), soit il désire parler à quelqu'un qui connaît le contexte, partage les mêmes conditions de vie que lui et peut le comprendre, sans appréciation ou jugement d'ordre hiérarchique ou sans diagnostic médical. Cette particularité statutaire permet de réduire les réticences qui demeurent pour les soldats, en particuliers ceux intervenant dans des unités d'élite, pour parler d'une blessure invisible moins valorisable à leur yeux qu'une blessure physique pouvant être considérée comme un fait de guerre. La blessure invisible, le trouble psychique s'apparente à une faiblesse à leurs yeux. C'est une défaillance voire une déchéance. « *En parler à un psychiatre c'est devenir fou.* » C'est quitter l'univers des guerriers pour rejoindre celui des faibles. Tout ceci est à modérer bien sûr, car d'autres témoignages font écho de l'efficacité des cellules médico-psychologiques avec la présence de psychiatres, lors de situations traumatiques, et du bienfait occasionné par les séances de *defusing* et de débriefing individuel et collectif.

Sur le terrain, le soldat se confie volontiers à son frère d'arme, au cadre de contact, au médecin ou au Padre, et, lorsqu'il intervient, le Padre tient un rôle que l'on demanderait à un médecin sans avoir d'ordonnance et de dossier médical : « *C'est une société solidaire où l'on confie sa vie aux autres, où l'on dépend des autres. Le temps de l'action est très intense, très violent. Pendant cette période, même sous le feu nourri des ennemis, le militaire agit de façon automatique, enchainant une gestuelle apprise lors de la préparation et de ses entrainements. Ensuite vient un autre temps, celui où la pression retombe, où les nerfs lâchent, les interrogations surgissent. La personne qui était en face de moi était un enfant de 10 ans, l'âge de mon fils. Je l'ai tué, mais il portait des explosifs car il allait me tirer dessus. C'était un ennemi, mais c'était un enfant. Ce type de contradiction entre des valeurs peut être partagé avec le Padre.* » Le Padre peut dire : « *tu as tué un homme, mais tu peux être pardonné et tu peux te reconstruire, tu as un avenir.* » Dans ces situations, la question du sens est omniprésente. Le sens de la mission, de l'action est donné par le commandement, qui donne une cohérence à l'ensemble des actions menées. Il fait le lien entre le contexte politique, diplomatique, stratégique et l'action concrète à mener sur le terrain. Le Padre, en tant que conseiller du commandement pour les affaires religieuses, protège le sens, remet des limites.

Les soldats sont souvent confrontés à des situations risquées, sous drapeau français, otanien ou onusien, mais sans avoir toujours le droit de riposter au regard de la posture exigée par le contexte diplomatique international et les accords internationaux. Dans ce cas, les « dégâts » psychiques peuvent être considérables et la question du sens est reposée avec acuité, sans trouver de réponse crédible. C'est alors que le Padre peut aider à remettre du sens dans cette situation très fragilisante pour le combattant. Sa réponse ne sera pas liée au contexte politique et stratégique mais se situera dans une autre sphère. Elle est très importante car à côté de la blessure physique, psychique, la blessure spirituelle peut aussi avoir sa place. Elle resurgit des mois, voire des années après la situation traumatogène, particulièrement aux périodes de fragilité de la vie, comme celle du bilan en fin de vie. Pour les aumôniers rencontrés, une population va probablement se faire connaître avec des troubles psychiques, ceux de la guerre d'Algérie, le syndrome de stress post-traumatique étant médiatisé et plus connu du grand public. Le message transmis par les aumôniers est que la blessure spirituelle doit être prise en compte avec la blessure psychique et physique.

Pour le cas des unités d'élite et d'une manière générale pour toutes les unités engagées, un effet d'aguerrissement est présent selon la devise militaire « *La sueur épargne le sang* ». L'entraînement, la formation exigeante des soldats est une protection, mais elle doit être abordée avec humilité. Si l'égo est surdimensionné, le risque de catastrophe est là. Le Padre développera alors la notion d'humilité.

Enfin un autre sujet abordé par le Padre concerne la question du retour et de la reprise de la vie familiale et conjugale. Il s'agit d'un sujet délicat qui peut déstabiliser le soldat. Quelqu'un de fragilisé par une OPEX dure peut avoir des difficultés à retrouver sa place dans une famille qui a appris à vivre sans lui. Retrouver une harmonie au sein du couple avec une adéquation des demandes et des attentes de chacun n'est pas facile. Cet entourage peut être protecteur ou déstabilisateur. Le Padre pourra « déminer » ce sujet si personnel en toute confiance, en toute confidentialité, en toute sérénité.

Le Syndrome de stress post-traumatique du chef

Au CPCO (centre de planification et de conduite des opérations) celui qui prend la décision d'envoyer un régiment au combat, ou qui dirige des tirs à distance peut aussi vivre ou subir un stress pouvant conduire à un SSPT. Même si il n'est pas physiquement sur le terrain aux côtés de ses troupes, il a commandé et dirigé des unités sur des théâtres d'opération et connaît la portée de ses décisions. Les militaires qui sont envoyés au combat du fait de ses choix, de son « feu vert opération », sont semblables aux militaires qu'il connaissait précédemment sur le terrain et il peut les identifier aisément comme ses propres « hommes ». La responsabilité, l'investissement vis-à-vis d'eux, est identique voire peut-être supérieure à ce qu'il pourrait vivre au contact des troupes. Ainsi, le stress du chef est un sujet très discret, mais réel. Il tutoie la mort au quotidien et prend la responsabilité de la faire connaître à ses troupes. La résilience est ici au cœur de son comportement. Maintenir les capacités opérationnelles du chef, c'est maintenir la capacité opérationnelle du groupe, quel que soit le grade, de l'adjudant, du capitaine ou du chef de corps.

Le style de commandement conditionne le cadre de résilience du groupe. Il passe sans arrêt d'un monde à l'autre, celui de la stratégie, de la décision politique à l'opérationnel, au terrain. Il vit comme les autres militaires la difficulté de passer du monde civil à la période de conflit. Il navigue dans des situations professionnelles douloureuses. Il est le chef de plusieurs familles, sa famille civile avec le fragile équilibre à maintenir avec son conjoint, ses enfants qui endurent les absences et le stress, et sa famille militaire où il donne le rythme, l'esprit au sein de son régiment. Dans la famille militaire, il gouverne les militaires et, dans certains cas difficiles, les familles de ces militaires aussi, notamment en cas de conflit, de maladie, de décès, de problèmes sociaux et/ou financiers. Même si le chef traite ses problèmes avec ses équipes, il n'en reste pas moins qu'il est moralement, personnellement très impliqué.

Dans ces conditions, une crise aiguë dans le domaine privé peut induire un déséquilibre, une fragilité qui peut avoir des répercussions dans la sphère professionnelle si des repères sont trop fragiles. Cela peut mettre en danger le groupe. Même si il a pris l'habitude de cloisonner sa vie familiale et sa vie militaire, le chef peut aussi être vulnérable. Ce sujet est encore tabou car la vulnérabilité psychologique est difficile à admettre pour un militaire et ce particulièrement pour celui qui, en plus du statut de militaire, a la responsabilité du commandement. J'évoquais plus haut l'immunité du « docteur » face au SSPT, on pourrait également ajouter l'immunité du chef, auquel se rajoute un aspect protocolaire et le prestige de la fonction. Dans les deux cas la mission est de protéger et de conduire. Bref le chef se doit d'être fort, de rassurer et d'encadrer les autres, alors comment celui qui rassure, protège et constitue plus qu'une référence, un guide, pourrait-il connaître des failles, des difficultés, des blessures, un mal-être ? Et à qui ce chef pourrait-il en parler sans que ses confidences ne mettent à mal le respect dû à sa fonction et son autorité ? Quelle stratégie alors mettre en place pour se soigner lorsque la souffrance est bien là ? Dans des sphères décisionnelles de haut niveau, les enjeux de pouvoir sont présents avec leur lot de rivalité, de méfiance, de jalousie et d'alliance. Toute faiblesse chez un rival potentiel peut être exploitée dans l'optique de l'affaiblir, de le discréditer, voire de le manipuler. En conséquence, les échanges entre pairs sont à utiliser avec parcimonie.

Pour le chef, le conseiller santé du groupement reste certainement l'interlocuteur privilégié. Il n'y a pas d'enjeu de pouvoir, et l'échange est couvert par le secret médical. Par exemple, pour le soignant, la prise en charge par un superviseur ou par un collègue d'extérieur à son environnement professionnel immédiat serait utile.

Des contextes différents, une souffrance commune

L'ambassadeur de France en Haïti, Didier Le Bret, a décrit mercredi une situation « épouvantable » à Port-au-Prince : « *Certaines rues sont jonchées de cadavres et on voit des gens, on voit apparaître une jambe, un bras dans des tas de ferraille et de béton. [...] Il va falloir reloger deux millions de personnes, a-t-il poursuivi. Les gens sont dans la rue et vont passer la nuit dans la rue et maintenant certains d'entre eux, avec leur seule bonne volonté, cherchent à retrouver les cadavres sous les décombres*[1]. »

« *Être otage ce n'est pas simple, c'est un peu compliqué. La vie est belle de retrouver la liberté. Être un homme libre, c'est faire attention où l'on va, comme l'a dit le président de la République. J'avais oublié ce qu'était la liberté. C'est plus cher que*

1. http://www.lefigaro.fr/international/2010/01/13/01003-20100113ARTFIG00373-haiti-ravage-par-un-violent-seisme-.php

tout», a-t-il déclaré dans une courte déclaration sur le tarmac. «*Quand on est malmené, au bord de la mort, on pense davantage à la vie. Vive la liberté*», a-t-il lancé tout en précisant qu'il n'avait plus beaucoup de forces [1].

«*Depuis trente ans, Jean-Paul Mari a couvert toutes les guerres du globe. Il a parcouru les champs de bataille, de l'Irak au Rwanda, du Moyen-Orient à la Bosnie, au Sierra Leone, en Somalie, au Sri Lanka. Il a rencontré des héros et des assassins, il a vu des massacres, des villages brûlés, des enfants égorgés dans leur école, des civils découpés devant leur maison. Les plus grandes peurs comme les courages les plus admirables ont passé sous ses yeux. Il raconte. Que peut-on faire de la douleur de la guerre ? Cette question obsédante, il l'a posée à des médecins qui tentent de rendre à la vie ceux qui ont vu la mort et s'en sont sortis "sans blessures apparentes". Ceux-là ont vécu un moment d'effroi indicible, une rencontre avec la mort sous des formes diverses : une odeur, un regard, un cri, une vision insoutenable. Après quoi ils se sentent morts bien qu'ils soient vivants. Ils ne font plus partie de ce monde, ils peuvent devenir fous. Des milliers d'anonymes, mais aussi des écrivains, des peintres, des cinéastes ont subi et décrit cette expérience ultime. L'auteur aussi a vu la mort en face Le premier mérite de Jean-Paul Mari est d'avoir affronté l'épouvante pour en témoigner. Le second, probablement plus grand encore, est d'avoir enquêté, réfléchi, analysé. Il n'a pas voulu que restent enfouis l'horreur et les traumatismes*. Il a choisi d'écrire pour sortir de ces ténèbres-là et affirmer que la vie peut être la plus forte [2]. »

«*Les incidents physiques et verbaux ont augmenté de 15 % chez les médecins, 5,6 % chez les policiers et 27 % chez les pompiers en 2013 par rapport à 2012, selon des chiffres de l'Observatoire national de la délinquance et des réponses pénales* [3]. »

1. http://www.france24.com/fr/20141210-france-video-suivez-direct-retour-france-ex-otage-serge-lazarevic-sahel-francois-hollande-niamey
2. http://www.laffont.fr/site/sans_blessures_apparentes_&100&9782221120361.html
3. http://videos.tf1.fr/infos/2014/les-violences-contre-policiers-pompiers-ou-medecins-explosent-8528888.html

« Nous avons souffert, non pas dans nos chairs, mais dans nos âmes. Mais nous avons retrouvé notre travail, notre maison, explique Marie-Claude, alors que tous ces gens, qui déjà n'avaient pas grand-chose, n'ont plus rien, risquent de mourir d'épidémies, que des familles sont décimées. C'est cela qui me perturbe. Je me suis dit qu'il ne fallait pas que je m'apitoie sur mon sort. »

De retour à Lund, dans le sud de la Suède, Patrick ne voit plus les choses comme avant. « *Je remercie tant la vie de nous avoir épargnés, nous et nos proches, mais je ressens une énorme tristesse et comme un sentiment de culpabilité d'avoir survécu à ce malheur collectif. Nous n'avons pas encore pu nous remettre psychiquement*[1]. »

Les policiers et les militaires, représentant l'État, sont particulièrement exposés aux actions violentes que ce soit sur le territoire national ou à l'international. Arrivant sur des scènes de crimes, des interpellations musclées, les policiers et les gendarmes sont exposés quasi quotidiennement à des situations traumatisantes dans un contexte de plus en plus tendu. L'exposition au traumatisme psychique peut se vivre au quotidien. Citons quelques exemples : l'intervention pour exfiltrer un forcené tenant des otages en captivité, des scènes de crimes, des agressions, l'accompagnement des victimes d'agression physique, sexuelle, une interpellation sur la voie publique qui tourne mal. La charge émotionnelle est très intense avec un effet cumulatif des stress traumatiques. La distance est moins facile à mettre entre la scène traumatisante et la vie familiale que pour les OPEX. Vous arrivez chez vous portant le trauma vécu, peut-être sans avoir eu le temps de décompresser. Les débriefings peuvent se faire après des situations extrêmes, mais peut-être pas au quotidien. La prise de distance salvatrice entre votre service et votre famille semble plus difficile à établir.

De même, les diplomates lorsqu'ils sont en poste à l'étranger peuvent être des victimes « civiles » de catastrophe naturelle, comme ce fut le cas pour le séisme en Haïti le 12 janvier

---

1. http://www.lemonde.fr/international/article/2005/01/08/des-rescapes-temoignent-comment-le-tsunami-a-change-leur-vie_393446_3210.html

2010. Ils peuvent constituer également une cible étant par définition les représentants de l'État. Être journaliste de guerre dans les zones de conflit est aussi un métier à risque de stress post-traumatique. Ce sujet a été évoqué lors du colloque organisé par le SSA en 2013 à Paris par le Pr Humbert Boisseaux, « 57 journalistes tués, 193 journalistes emprisonnés ». Enfin, les humanitaires sont aussi concernés. Le livre édité par le Comité International de la Croix Rouge *Engagement humanitaire & conflits armés, Le facteur stress* informe les personnels partant en mission sur le stress et ses composantes : « *L'action humanitaire amène de plus en plus de personnes à s'engager dans des zones de conflits armés, sans entraînement ni protection psychologique. Cette brochure, rédigée pour celles et ceux qui travaillent sur le terrain, décrit les réactions émotionnelles qui peuvent survenir et suggère les moyens d'y faire face. Surtout, elle rappelle que ces réactions ne relèvent pas de la psychiatrie et qu'il est bon, pour résister au stress, d'être bien informé et de partager ses émotions avec les autres*[1]. »

À côté des militaires, je tenais par ces quelques lignes à rendre hommage aux policiers, aux diplomates, aux médecins, aux pompiers, aux humanitaires, aux journalistes de guerre ainsi qu'aux otages et aux victimes d'attentat, de catastrophe naturelle ayant vécu un psycho-traumatisme. L'actualité illustre malheureusement cette exposition des fonctionnaires représentant l'État, mais également de la société civile à la violence et au traumatisme psychique. Ces témoignages mettent en évidence la diversité des situations, des contextes mais également une symptomatologie commune, celle du syndrome de stress post-traumatique Quelles que soient les conditions de survenue du traumatisme, les patients, les familles, doivent pouvoir identifier rapidement les circuits thérapeutiques adéquats en phase aiguë ou à distance de l'évènement, et bénéficier d'un lieu thérapeutique neutre par rapport à leur environnement professionnel et ou personnel.

Dans cette prise en charge, la connaissance précise de chaque environnement professionnel est essentielle pour adap-

1. Dr. B. Bierens de Haan, psychiatre.

ter au mieux les soins. Aussi un centre de référence national sur le stress post-traumatique au bénéfice de toutes les victimes de traumatisme psychique pourrait être initié à partir de l'expertise du ministère de la Défense afin qu'elles puissent se reconstruire, et retrouver leurs places dans la société, renforçant ainsi le lien social.

3.

Les proches : avant, pendant, après la mission

Le départ : un réengagement professionnel et privé

L'entourage familial et professionnel joue un rôle considérable. Dans la préparation de la mission, il faut penser à impliquer la famille proche, lui donner des éléments factuels pour qu'elle comprenne le cadre général. Ceci est important, les proches ne doivent pas se sentir exclus de ce que l'intéressé peut vivre. Pourtant, ils ne pourront, ne devront pas tout connaître pour respecter la confidentialité de la mission – mais aussi pour être protégés et pour ne pas être effrayés. À quoi bon leur raconter des situations périlleuses, tendues, susceptibles d'être vécues alors qu'ils seront à des milliers de kilomètres dans l'incapacité de pouvoir faire quoi que ce soit pour aider. Vivre leur angoisse à distance est un facteur de déstabilisation et de déconcentration, et pour eux, il existe un vrai risque d'altération de leur vie quotidienne : le résultat de l'équation est perdant-perdant.

Lorsque les militaires sont rassurés sur le bien-être de leur famille, la mission peut être préparée et vécue à fond. Le départ en mission est souvent un moment de vérité, qui teste à chaque fois leur engagement à servir, leur engagement à l'égard de leur conjoint et de leur famille. C'est une réelle remise en cause.

Pour les militaires, partir en OPEX n'est pas une contrainte mais au contraire un épanouissement. Ils se sont engagés dans l'armée pour servir, pour remplir leur mission. Ils remplissent leur engagement à servir. Cet engagement a des répercussions évidentes sur l'entourage et la vie familiale mais il teste aussi la force et la solidité des liens avec le conjoint. Pour qu'ils puissent se concentrer sur leur mission, et leur préparation, ils doivent percevoir une sérénité, une confiance émanant de leur famille proche qui les soutient dans leur démarche. Sur le plan psychologique et affectif, savoir que leur famille accepte ce départ avec le plus de calme possible est un facteur de stabilité psychique et un facteur de réussite pour la mission. D'un autre côté, il est tout à fait normal que l'épouse, les parents, les enfants soient angoissés, paniquent, soient en révolte, ayant peur pour leur conjoint. Ils ne comprennent pas toujours la mission dans laquelle le militaire est engagé, ils s'y opposent et sont tourmentés par leur propre subsistance, par les questions logistiques. L'épouse peut être anxieuse devant ce quotidien si lourd qu'elle va devoir assumer seule pour « gérer » les enfants, et elle a peur aussi de se retrouver seule – veuve – mais n'ose le dire.

Toutes ces questions sont légitimes, compréhensibles, mais elles méritent d'être déminées bien avant le départ en mission. Au-delà de la préparation individuelle, la famille et l'entourage se préparent également à ce départ. Dans les entretiens, j'ai souvent entendu la même expression « *la base arrière est un élément clef de la réussite d'une mission et de la mobilisation des capacités opérationnelles du militaire* ». Avec base arrière on comprend le conjoint, les enfants, les parents. Ainsi dans la préparation à une mission, le militaire et sa famille se conditionnent ensemble, car le premier pôle de stabilité personnelle du militaire est la vie familiale quel que soit son format.

Le deuxième pôle de stabilité du militaire est son unité, son groupement. La préparation s'effectue en groupe. La cohésion du groupe se forge en amont de la préparation, lors de la vie quotidienne du soldat, et particulièrement lors des périodes d'entraînement avant les OPEX. Le contexte est connu avec des théâtres d'opération où coexistent la mort, la sauvagerie, la barbarie. La formation initiale et les préparations opérationnelles augmentent les capacités de résistance des troupes avec des préparations spécifiques. Citons par exemple : la résistance au stress, l'entraînement physique, psychique, l'aguerrissement au combat, etc. Les sessions de formation organisées soit dans les écoles ou les centres de préparations spécialisés visent à maintenir les capacités opérationnelles des militaires. La préparation forge le mental et le physique du futur combattant et lui délivre une information sur les risques possibles liés à une exposition traumatique dont le SSPT. Mais dans la mesure où le conditionnement doit développer des capacités de résistance, et partir dans une logique gagnante, il paraît contreproductif d'insister sur les possibles vulnérabilités ou problèmes.

Le retour : une attente ? Une angoisse ? Un plan de bataille global

« *Je suis chez moi, mon épouse dort, les enfants sont couchés. Je suis rentré d'OPEX depuis plusieurs mois. Mais je redoute toujours ce moment où il fait noir dehors. Au moment de m'endormir, je crains que les images reviennent. Je retarde ce moment. Je reste devant la télévision à regarder des séries, en fait à zapper nerveusement de chaînes en chaînes. L'angoisse est là, envahissante, omniprésente. Je prends un verre de whisky. Puis deux. Je finis par m'écrouler. Le matin je suis abruti, pas reposé. Je m'en veux de m'être laissé aller. Je suis en colère contre moi. Je m'en veux. L'alcool fait grossir. Je prends du poids, je ne m'aime plus, je ne me reconnais plus.* »

Cette situation est une spirale infernale conduisant à l'autodestruction. Les addictions entraînent des détériorations cognitives et somatiques connues et le changement de personnalité, de comportement du SSPT est terriblement anxiogène pour le patient, qui ne se reconnaît plus. Il a peur d'en parler aux autres. « *Je ne peux pas le croire moi-même alors comment les autres pourraient-ils me croire ? Comment peuvent-ils m'entendre ? Ils vont me prendre pour un fou. Je vais devenir fou. Pour ma famille mes amis je vais perdre tout crédit à leurs yeux.* »

Un plan de bataille pour la vie, pour une nouvelle vie construite par l'individu lui-même, avec ses proches est à déployer. Il comprend plusieurs phases.

Construire son propre bouclier de protection

Une première étape : se créer un bouclier antimissile contre les bêtises, les incompréhensions, un bouclier de protection contre les réflexions qui, bien qu'anodines, peuvent être nocives et délétères.

Exemple 1

À son retour, il peut être assommé d'histoires et de récit. Il reçoit par exemple la visite d'un oncle dont il est très proche, militaire à la retraite : « *Tu te fais un film, ça va aller ! Arrête de voir le psy cela va te rendre fou ! Prend une bière ça va passer ! Toutes ces histoires de stress post-traumatique, avant nous n'en parlions pas et nous n'avions pas de problème. C'est peut-être toi le problème ?* » Ou bien il entend les histoires que lui racontent son entourage, ses amis, sur telle personne qui a eu un gros problème de retour de mission et qui s'en est sortie ou pas. Tout cela devient insupportable !

Pour y faire face, je propose d'imaginer des phrases rempart, des lignes de défense verbales qui protègent, respectent l'intimité et son propre itinéraire. L'intéressé peut ainsi répondre à son oncle « *Je te remercie de t'inquiéter pour moi, mais je gère et je suis bien entouré. C'est normal qu'après une telle mission j'ai besoin de temps pour récupérer.* » Puis, après l'avoir d'une certaine façon rassuré et après avoir posé sa propre autonomie c'est-à-dire après avoir délimité son propre territoire, il peut formuler une question renvoyant à un autre sujet, concernant directement cet oncle. Cela décentre la discussion.

Dans beaucoup de cas, il s'aperçoit que nombre de questions qui lui sont posées sont angoissantes, harcelantes et peuvent même être méprisantes à son égard alors qu'elles traduisent souvent la propre angoisse de celui qui les pose et qui est confronté à une sorte de culpabilité de ne pouvoir l'aider. Ultérieurement, si le lien avec cette personne est suffisamment fort, il est possible d'envisager, d'évoquer une activité ensemble, pour développer un dialogue sur d'autres sujets.

Exemple 2

Tous ses amis se sentent obligés de lui raconter des histoires qu'ils imaginent semblables à la sienne. Mais ces bavardages l'épuisent et polluent son esprit. Alors face aux histoires des uns et des autres, il faut répondre : «*je me souviens très bien de Untel. Je compatis à sa souffrance mais son histoire n'est pas la mienne. Nous ne sommes pas les mêmes personnes, le contexte est différent. Toute histoire est singulière. Je n'ai pas envie de rentrer dans leur vie.*»

S'il en a vraiment assez de ces situations, le patient peut également réaffirmer un principe élémentaire, celui de la discrétion. «*Je ne souhaite pas entendre plus de chose sur leur vie. C'est discourtois d'étaler ainsi leur problème. Si tu le fais pour eux, comment puis-je être assuré que tu n'en fais pas autant pour moi !*» L'échange peut être assez tendu, mais il est libératoire d'une soi-disant compassion qui n'est que le reflet d'un voyeurisme assez malsain. Se complaire des difficultés des autres est facile et courant.

Cette pédagogie affirmée demande certes un effort consommateur d'énergie, mais cet effort permet de délimiter un périmètre de sécurité affective, une zone de liberté et de protection. Il s'agit de ne pas subir l'intrusion de tiers. Il faut choisir qui fait partie du cercle ami et qui peut accompagner un chemin de reconstruction. Cette posture est déjà thérapeutique en soi car elle remet l'intéressé en position d'acteur et non de victime. Ces phrases toutes faites peuvent être préparées avec son épouse, ou ses enfants sur un registre même ludique ! Car ce bouclier anti-intrusion peut être repris par la famille elle-même exposée potentiellement aux mêmes réflexions, et devient un facteur positif favorisant la complicité familiale.

Dans un deuxième temps, il est essentiel de s'occuper de soi-même.

Du bien-être physique au bien-être psychique

L'intéressé revient avec un corps malmené. Son corps a souffert, a subi des écarts de température importants de + 50 °C à des températures négatives. Il a dû fournir des efforts physiques considérables avec des dizaines de kilo de matériel sur le dos, des marches dans des zones arides, pentues. Il a dû traverser toutes sortes de conditions météo extrêmes, vivre dans la rusticité, avoir une hygiène sommaire, une alimentation rudimentaire. Dans ces conditions particulièrement tendues, il a rempli sa mission. En conséquence, indépendamment de tout évènement traumatique, et même en étant particulièrement entraîné le corps finit par signaler une urgence : le besoin de récupération.

Si en plus du stress physiologique relatif à sa mission, l'intéressé a été confronté à un traumatisme psychique, son corps subit une double épreuve, celle évoquée précédemment liée aux conditions de la mission, et celle qui résulte des conséquences du traumatisme. L'état de stress aigu vécu au moment du trauma a des retentissements physiologiques, l'état de stress post-traumatique également. Ainsi dans le plan de bataille pour le retour, il faut penser à prendre soin du corps physique. Lors des sas de fin de mission, cet aspect est pris en compte par des kinésithérapeutes avec des massages et des activités sportives et de détente. Une fois rentré à domicile, il faut s'attacher à poursuivre ce programme de remise en forme, de reconditionnement : un corps apaisé et restauré sera un atout pour le travail psychologique. Dans ce travail, on peut se faire aider par des nutritionnistes pour se nourrir avec une alimentation riche en protides, en oligo-éléments, en vitamines, permettant la reconstitution musculaire, l'équilibre hydro-électrolytique. Il faut prendre soin de son corps comme un sportif de haut niveau qui se prépare à une compétition olympique. L'entraînement physique faisait partie de la préparation au départ de la mission, il constitue aussi au retour un facteur de stabilité et de satisfaction.

Se réapproprier un corps souffrant, un esprit bousculé, une vision du monde transformée, retrouver du plaisir dans les activités les plus banales : tel est le programme à suivre. Le corps va changer de fonction. Il ne doit plus être un instrument de défense, de protection, d'attaque conditionné pour réagir à la moindre menace, pour supporter des situations extrêmes, ou pour transporter les équipements extrêmement lourd. Le corps doit engager une transition pour abandonner ces situations de tensions qui permettaient d'encaisser les contraintes de la mission, afin de revenir à un mode de fonctionnement « normalisé ». Ce corps va devoir réapprendre à ne plus réagir au stress, à lâcher cette hypervigilance. Ce déconditionnement est essentiel pour la reprise d'une vie relationnelle équilibrée et harmonieuse. En disant cela, je ne pense pas seulement à la sphère privée et familiale, mais également à une vie en société « de base ». La tension liée au conditionnement opérationnel évolue et cède la place à l'attention portée aux autres, ainsi qu'aux émotions et sensations. Une rééducation des cinq sens démarre afin de passer en mode « post-stress », de réapprendre à écouter, toucher, mais également à ressentir ses émotions, sans les contrôler. Il s'agit de lâcher prise, et ne plus être dans la maîtrise de soi. C'est facile à écrire mais cela peut être difficile à vivre tant l'intéressé était dans la performance, dans le contrôle de ses émotions, en accord avec le conditionnement qui était le sien en opération. Cette approche peut être déstabilisante pour le guerrier conditionné, et peu valorisante, car il s'agit aussi d'écouter son corps, et ses possibles faiblesses. Mais c'est à ce prix qu'une vraie récupération peut s'opérer, et que le contact avec les autres, la famille et les amis, peut s'établir dans de meilleures conditions.

Pour arriver à cet objectif, la pratique du sport guidée par des masseurs-kinésithérapeutes peut être une première étape. La récupération musculaire et la restauration de la souplesse articulaire peuvent s'effectuer avec une physiothérapie appropriée. Cette étape est fondamentale. Prendre soin de la personne qui a subi un stress opérationnel intense, et/ou un SSPT comporte une approche globale. La thalassothérapie peut également constituer une étape reconstituante, réconfortante, tout comme la pratique de l'équitation. Avec l'animal une communication non verbale peut s'établir basée sur les sensations, les émotions, les intuitions, l'instinct. Cela permet de s'écouter, de se reconnecter à soi-même en se connectant à l'animal. Cela se déroule dans un contexte sans enjeu, où on peut progresser à son rythme sans jugement extérieur. La thérapie avec un cheval est un projet original mis en place par l'hôpital militaire Legouest à Metz en juillet 2014, dont les premiers résultats semblent très encourageants[1].

Dans certaines situations, les militaires ou les personnes concernées par ces missions exigeantes pourraient répondre que ces propos sont irréalistes avec l'enchaînement des missions et la pression liée au contexte sécuritaire augmentant. Cependant, même en peu de temps, il est possible de s'offrir ce sas personnel de restauration en priorisant les activités perçues pour être les plus bénéfiques, car cette phase est incompressible et non négociable : il en va de la survie physique et psychique.

Le réseau de praticiens

Lorsque l'individu part en mission, il ne songe pas à l'étape du retour, encore moins à l'éventualité de rentrer malade, blessé ou s'il y pense, il le fait de façon furtive et assez hypothétique. Il se concentre d'abord sur la mission. Alors lorsque le retour se fait suite à un traumatisme, il devient difficile de mobiliser de l'énergie pour trouver le professionnel de santé adéquat.

Par définition le syndrome de stress post-traumatique se manifeste après les évènements traumatisants. Il peut survenir des mois voire des années après l'exposition. Connaître l'existence d'un réseau médico-psychologique et associatif *ad hoc* est très utile. Le connaître ne signifie pas que les troubles vont apparaître. On peut comparer cela avec le fait que ce n'est pas parce que l'on assure sa maison, qu'il va se produire un accident. Ainsi, identifier la présence de professionnels adéquats permet-

1. Voir l'article suivant : http://www.defense.gouv.fr/sante/actualites/therapie-inedite-pour-le-stress-post-traumatique2

tra de savoir vers qui se tourner le jour où ! La médiatisation récente du sujet du traumatisme psychique a permis de vulgariser cette pathologie et de lui donner de la visibilité sur internet et simultanément, elle a permis aussi de voir se développer des offres de service et de soin. En effet, il n'est déjà pas très facile pour un professionnel de santé d'identifier les praticiens experts en psycho-traumatologie, alors c'est encore plus ardu pour un futur patient ou pour son entourage d'effectuer cette reconnaissance. Heureusement, il existe différents services d'écoute et des prestations « d'assisteurs », qui répondent au besoin d'une expression de souffrance psychique. Enfin, dans le cas d'une consultation médicale, la préservation d'une grande discrétion sur la démarche et, par la suite, sur le suivi médico psychologique peut s'avérer indispensable pour que la démarche thérapeutique puisse s'effectuer sereinement et dans la durée. La blessure psychique est comme un jardin secret que le patient décide ou non de faire visiter à des invités sélectionnés.

Dans la démarche thérapeutique il est important de ne pas multiplier les médecins consultés. En effet, répéter ses souffrances à des personnes différentes sans suivi, sans prise en charge cohérente peut-être contreproductif voir délétère. Une lassitude peut s'installer, accompagnée d'un sentiment d'incompréhension et de défiance envers les professionnels. Dans mes entretiens j'ai rencontré des personnes victimes de psycho-traumatisme qui ne s'étaient pas stabilisées sur le plan thérapeutique et continuait de développer le SSPT. Ce nomadisme psychologique est renforcé si le patient change d'employeur, ou se met à son compte. Là aussi la cohérence de l'action doit être réaffirmée comme principe thérapeutique.

Un cercle de bienveillance

Un cercle de bienveillance, de confort et de sécurité psychologique et affective doit se mettre en place autour, avec et pour l'intéressé. La construction de ce cercle peut s'anticiper de préférence avant le retour ou pendant celui-ci. Ce cadre de reconstruction l'amènera directement à se soigner sans avoir le souci de chercher les interlocuteurs adéquats, puisqu'ils auront été identifiés. C'est une bonne façon de supprimer l'angoisse de trouver « le bon » praticien, en évitant une perte de temps et d'argent. Si la symptomatologie du SSPT survient des mois ou des années après l'accident, si entre-temps l'intéressé a changé de milieu ou de vie professionnelle, il lui est conseillé d'avoir une consultation médicale si possible avec une évaluation psychologique, avant toute orientation plus spécialisée vers un psychologue ou un psychiatre. Il est important aussi de rappeler pour les militaires, que, comme tout citoyen, il garde le libre choix de son médecin, même si pour des raisons de proximité, de culture et de commodité financière, le médecin des forces est le plus souvent sollicité.

En effet, même s'il y a toute l'offre de soin possible, même s'il y a toute l'information disponible, les militaires n'iront pas consulter chez n'importe quel praticien en raison de plusieurs sentiments : la peur d'être perçu comme un faible, un peureux, un fragile, un lâche, un fou ! À cela s'ajoute la peur d'être stigmatisé ou de perdre sa capacité opérationnelle. C'est pourquoi lorsque le traumatisme est lié à une action se déroulant dans le cadre de son métier, la recherche d'un lieu de confiance, sécurisé est une condition *sine qua none* pour que le lien thérapeutique s'établisse.

En cas de changement de médecin, il est important que le nouveau se mette en contact avec le confrère précédent afin d'assurer une continuité dans la prise en charge des soins. Le lien thérapeutique doit s'établir en confiance. Le traumatisme en zone de combat et/ou en situation de crise implique une confidentialité certes garantie par le secret professionnel, mais cela n'est peut-être pas suffisant pour le militaire habitué au respect d'un niveau de confidentialité élevé. Or rare sont les professionnels de santé conscients de cette exigence de secret militaire, hormis ceux exerçant au sein des ministères régaliens. Cet écart de niveau de sécurité peut être bloquant pour le patient qui hésitera à se confier en toute sérénité sur des sujets sensibles. Il en découle donc un risque de dysfonctionnement car le patient peut omettre nombre d'informations pourtant nécessaire à son traitement, ce qui ne permettra pas au praticien de répondre à ses attentes. L'efficacité de la consultation peut s'en ressentir et le patient réagira en se disant : « *il ne me comprend pas. Je ne veux pas perdre du temps.* »

En effet, dans une consultation, le praticien sans qu'il s'en aperçoive est souvent testé par le patient. Le médecin doit montrer qu'il comprend – voire qu'il connaît – la situation décrite. Par le niveau de dialogue qu'il saura établir avec son patient, le médecin montrera qu'il a une connaissance du milieu en question, voir des conditions de survenue du trauma. Cet « examen de passage », s'il est réussi, ouvre les conditions d'un dialogue en confiance, enrichissant et réparateur. Le patient accepte de « lâcher prise » puisque le praticien connaît son environnement. C'est ainsi qu'une meilleure appréhension de la situation permet une meilleure gestion du processus thérapeutique.

Enfin, il ne faut pas oublier que le risque de SSPT existe aussi pour les sauveteurs de combat. Ou les personnels soignants eux-mêmes. Ces derniers se posent aussi de nombreuses questions. Revenir mais comment ? Dans quel état ? Avec quel corps ? Quel esprit ? Quelle âme ? Quelle identité ? Il est fréquent d'entendre dire que les médecins sont des patients difficiles. Le risque est de les voir réagir en se disant : « *je n'accepte pas mon état* » et de se braquer en se disant qu'il devient fou. Pourtant, lorsqu'il accepte son état, le fait qu'il connaisse les étapes du processus thérapeutique peut l'aider à minima à appréhender ses propres réactions de façon active, à être acteur de sa reconstruction, à ne pas subir pour identifier, accepter et comprendre ses réactions. Il peut aussi en parler à un cercle de confiance constitué par son chef ou ses confrères à condition qu'ils fassent partie du même service que lui.

Le traumatisme résonne dans l'histoire personnelle

La blessure psychique est liée à l'exposition à un évènement traumatique avec un impact lié à la violence des facteurs d'agression. Le blessé qui a fait l'expérience de la rencontre avec la mort se sent vulnérable, peut ne plus se reconnaître lui-même tant cette rencontre bouleverse les codes. Nous savons tous que l'existence terrestre a une fin, mais nous mettons la mort dans une case bien fermée sans nous la représenter plus précisément. C'est heureux. Les forces de vie priment sur les forces de mort. Suite à cette rencontre traumatique, l'organisme met en route des mécanismes de défense, de protection et de réparation comme pour toute blessure.

Dans le cas de la blessure psychique, la présence de l'autre est un élément de la réparation. Car devant cette situation de non-sens, de perte de la réalité, l'existence de l'autre, me rend vivant, me donne la possibilité de me reconnaître et de retrouver de la confiance en moi. L'autre me fait confiance et s'il me fait confiance, c'est que je suis digne de confiance, c'est que je peux me faire confiance. C'est que je suis vivant.

Dans ce processus, il est utile de tenir compte des antécédents et du passé affectif du sujet. En effet si le militaire a eu une enfance, une adolescence chaotique avec des éléments de maltraitance physique ou affective, le processus thérapeutique de confiance avec le thérapeute sera plus long à mettre en place. Un adolescent qui s'est construit sans figure d'attachement sera en position d'apparente autosuffisance, alors qu'il souffre d'un déficit d'image familiale ou parentale lui permettant de s'accrocher à des codes. Si l'intéressé a vécu ce type de situation, la mise en confiance avec le thérapeute peut s'avérer plus longue. Quel que soit le temps qui sera pris pour cet apprivoisement, l'important est qu'il puisse y avoir échange, libération de la parole pour mettre en mot l'impensable, et donner du sens à ce qui a été vécu. Dans la prise en charge au long cours, la connaissance du passé, la structure de la personnalité est également importante.

S'exprimer à travers une œuvre. Se trouver une passion ou un hobby

À côté de cette prise en charge et de ce plan de bataille global, certaines personnes ayant vécu des situations traumatiques éprouvent le besoin d'écrire. Il peut s'agir d'un récit, que ce soit celui de sa captivité, du conflit, du combat ou la description de son expérience professionnelle. Il peut s'agir également d'un roman pouvant exprimer une histoire vécue, une histoire rêvée, un espoir. Là aussi l'expérience de l'écriture est réparatrice. Pour écrire on est seul avec soi-même, une feuille blanche, un stylo et/ou un ordinateur. On peut alors se confier sans fausse pudeur, sans souci de confidentialité, sans crainte d'être jugé. Ce premier manuscrit permet de « sortir des chocs de sa tête », de les identifier et de les confier à la page blanche. Cela peut rendre plus léger et libérer d'un poids, d'une angoisse. Nombre de grands écrivains furent de grands tourmentés. L'écriture place en position de créer. C'est essentiel. On constitue ainsi une œuvre, un chef d'œuvre au sens des compagnons du devoir.

On revient évidemment différent d'une expérience traumatisante. On n'est plus comme avant. Cependant, s'il le souhaite et s'il s'en donne les moyens, l'individu peut sortir plus fort et plus rayonnant de cette épreuve. Le phénomène de résilience est alors en marche et il s'agira d'explorer de nouveaux domaines, des champs d'activité différents de ce que l'intéressé avait l'habitude de faire. Il faut qu'il se réinvente. Dans ce processus, la découverte de nouvelles activités sportives, culturelles, musicales est un des axes de son plan de bataille. S'il était musicien, pourquoi ne pas composer une mélodie ? Pourquoi ne pas tester la peinture ? Pourquoi ne pas dessiner ? Faire une bande dessinée ? Cela constitue un excellent moyen de sortir les émotions, de représenter les images qui hantent. Il verra au fur et à mesure que le noir et les figures de mort laisseront la place à des couleurs plus claires et à des formes plus harmonieuses. Ces nouveaux hobby peuvent aussi s'initier en famille en s'appuyant sur les activités que les enfants ont pu apprendre pendant l'absence, ou bien explorez de nouvelles disciplines ensemble, avec son entourage. C'est aussi un moyen de les emmener avec soi dans un chemin de reconstruction.

Revisitons maintenant les moments de fragilité les plus fréquents et les symptômes les plus courants dans le syndrome de stress post-traumatique, afin de mieux en connaître le déroulé et mieux les appréhender.

J'ai choisi pour cette partie de m'adresser directement à celui qui peut faire l'objet d'un SSPT.

Le soir

Vous êtes chez vous. Il est 23 h. Vous êtes épuisé. En temps normal, vous ne rêveriez que d'une seule chose : aller dormir. Mais maintenant, vous avez peur de dormir, de lâcher prise, de fermer les yeux et de revoir toujours et toujours la même image effrayante. Vous sentez l'angoisse monter, le risque du cauchemar approche, vous craignez le retour en force de ces images avec leur cortège d'hallucinations olfactives, auditives. Et si à ce moment-là, vous pensiez à téléphoner à un numéro d'écoute ouvert 24h/24h, sur le modèle du numéro vert Écoute Défense ? Cela vous permettrait de mettre des mots sur l'image traumatique. Cette mise en mot de l'image traumatique potentialiserait le traitement si une thérapie est en marche, ou vous inciterait à consulter si vous ne le faites pas encore. Au-delà du débriefing post-immédiat effectué par l'entourage professionnel, l'expression de ses émotions est fondamentale. Dépasser sa peur de parler, de revivre le trauma même si celui-ci est obsédant, dépasser sa pudeur, tels sont quelques obstacles à franchir pour se livrer. Nous approchons le point clef de la thérapie, l'approche cathartique de Freud, elle-même lointaine héritière d'Aristote. Il faut purger l'esprit de ses émotions

C'est dur de parler de ses fragilités, mais c'est néfaste de les immobiliser et de les figer. Ne pas garder pour soi, en soi cette terreur, cette angoisse, mais la mettre en mots, la partager avec un interlocuteur sensibilisé au psycho-traumatisme, et au contexte militaire, pourrait abaisser le niveau de stress, et pourrait éviter le passage aux addictions. Le lien social et le contact humain remplacent avantageusement le verre de whisky. Vous êtes dans une détresse, une solitude intérieure due au traumatisme. Les drogues représentent une moindre compensation. Toutes les études le montrent. Rien ne remplace le lien social. Aussi ce contact téléphonique avec une ligné dédiée, sécurisée, anonyme et gratuite serait un pas essentiel vers la reconstruction.

Ces symptômes peuvent survenir bien à distance de l'évènement traumatique même si vous avez changé de vie professionnelle. Fortuitement ou à l'occasion d'une actualité évocatrice de ces souvenirs, de combats similaires à ceux que vous avez vécu, le traumatisme peut resurgir. Ne pas oublier que l'image traumatique est comme un corps étranger dans le psychisme, parfois enfouie ou très présente. Lorsque celle-ci resurgit, vous n'osez pas en parler, vous ne savez pas à qui en parler cela fait si longtemps ! Vous avez honte. Si vous êtes militaire, vous êtes fier de votre passé et vous ne voulez pas ternir cette image valorisante de guerrier, avec celle d'un vétéran ayant des problèmes psy. Votre entourage actuel n'a pas vécu votre guerre. Vos anciens compagnons sont éparpillés aux quatre coins de la France. Vous êtes paniqué et très seul. Ce numéro vert pourrait vous écouter, vous donner des clefs pour comprendre ce qui vous arrive, car vous ne savez pas grand-chose du SSPT. À votre époque on n'en parlait pas comme maintenant. Vous pourriez ainsi avoir des contacts de professionnels militaires et civils pouvant vous accompagner.

La culpabilité

À côté de l'image traumatisante, du cauchemar, du syndrome de répétition, la culpabilité associée à une forte charge affective est très présente. Vous ne cessez de vous poser en boucle les questions suivantes : « *si j'avais agi autrement, mon camarde serait encore vivant. Ai-je fait les bons gestes pour le sauver ? Le protéger ? Pourquoi lui ? Et pas moi ? Il m'a tellement aidé, soutenu dans des moments difficiles. Et c'est lui qui est parti.* » Cette énorme culpabilité vous envahit. Sur le moment vous étiez sidéré, vous ne bougiez plus pétrifié par l'effroi et cette sidération vous a empêché de bouger et peut-être de le sauver. Enfin c'est ce que vous croyez. Vous vous sentez coupable d'être là, d'être vivant. La culpabilité que vous pouvez ressentir doit être respectée et non gommée. Votre entourage, vos amis doivent éviter de vous dire : « *arrête de culpabiliser, ce n'est pas ta faute si lui est mort toi vivant, c'est le destin…* » Ces paroles, qui visent dans un premier temps à vous réconforter, sont contreproductives. Cela peut même vous énerver vertement. Vous avez envie de leur dire : « *arrête, qu'en sais-tu ? Tu ne sais pas de quoi tu parles.* » Au fur et mesure que vous vous énervez, vous sentez cette culpabilité et ce sentiment d'injustice croître.

En fonction du contexte, vous avez les images et l'odeur de la mort, des charniers, des ramassages des corps. Dans des conflits ethniques, vous vous dites : « *on les a laissé mourir. Le groupe pleurait, tout le groupe pleurait.* » Cette souffrance commune est un ciment de plus dans la cohésion du groupe. Quitter ce groupe et se retrouver chez soi sont une autre épreuve même si cela peut paraître déplacé voir incongru d'en parler ainsi. Retrouver une épouse, des enfants qui n'ont pas vécu votre guerre, votre souffrance, est déstabilisant. Pour eux vous êtes indestructible, vous êtes le recours. Vous aidez tout le monde. Là non seulement vous n'êtes pas en capacité d'aider tout le monde et de rassurer tout le monde, mais vous vivez une telle détresse intérieure que votre seule protection est le mutisme. Votre entourage voit cela comme un blocage, mais vous êtes en mode survie, non pas survie au sens guerrier, mais survie au sens psychologique.

Vous pouvez également vivre une situation paradoxale. Nous évoquions les odeurs, les images liées à cette scène traumatique. À la fois ce souvenir vous hante, vous paralyse et vous enferme dans le trauma, mais il vous relie avec vos camarades, avec le théâtre d'opération qui avant l'événement était riche de sens pour vous. « *Cette odeur est le lien avec eux, et me rappelle que je suis vivant. Si il n'y avait pas d'odeur, pas d'image, je serai mort.* » En réalité, la culpabilité que vous ressentez doit être respectée et entendue en ce sens qu'elle traduit votre tentative de créer des liens avec les autres et de vous positionner dans la vie réelle. Elle sera travaillée avec votre thérapeute lors des séances.

Les cauchemars

Les cauchemars sont souvent proches du réel. Vous revivez la scène traumatisante avec le cortège d'émotions. Les souvenirs visuels, olfactifs, auditifs sont présents. Aussi vous et votre thérapeute serez attentifs à l'évolution possible des rêves. Si un nouveau personnage apparaît, si les situations sont légèrement différentes, si des personnages disparaissent, cela veut dire que quelque chose bouge, sort du « figé » lié au traumatisme.

L'inconscient est au travail. Le récit des cauchemars et des rêves à votre thérapeute, car vous pouvez aussi rêver, constitue un travail en soi. Vous pouvez les écrire si vous craignez de les oublier ou de les transformer. La parole libère, l'écrit rassure et apaise. N'hésitez pas à tenir un journal intime ou si vous préférez un autre nom plus conforme au vocabulaire militaire un journal de bord. Mais ce journal doit être intime c'est-à-dire non partagé par d'autres. C'est vous qui décidez ou pas d'en partager quelques feuilles avec votre thérapeute. C'est votre espace secret.

La mémoire

La confrontation avec la mort peut bouleverser la mémoire. Le temps est interrompu, suspendu. Des mécanismes de protection cérébrale mettent sous silence, cachent des évènements péri-traumatiques dont le souvenir est trop violent pour le psychisme. La sidération est également une mesure de protection. Le sujet peut avoir des difficultés à se situer dans le temps, à enregistrer de nouvelles informations, comme si le cerveau se trouvait dans une phase réfractaire, comme un muscle qui après un effort intense ne répond plus aux sollicitations.

Le psychisme est dans un mode survie. La mémoire peut s'en trouver désorganisée. Cela peut être déstabilisant, désarçonnant d'avoir des trous de mémoire, de ne plus avoir de mémoire fiable alors qu'auparavant vous intégriez très rapidement des quantités impressionnantes d'informations complexes et stratégiques. Vous vivez un grand désarroi qui peut être particulièrement stressant.

Cela ne sert à rien de stresser car en stressant vous mobilisez des réserves énergétiques que vous pourriez utiliser pour vous stabiliser, récupérer.

En revanche commencer à parler de ses problèmes de mémoire, du traumatisme, permet de créer un itinéraire verbal pour aborder cette expérience. L'exploration, de préférence avec des praticiens et ou avec des camarades, des symptômes vécus au cours de la blessure, du contexte, des mécanismes lésionnels, des processus de reconstruction et de réadaptation permet de remettre l'évènement dans une temporalité pendant la phase aiguë puis de lui donner une perspective de reconstruction. Dans cet échange, des souvenirs sont mobilisés, des émotions, des interrogations. Une question essentielle est posée : quel est le sens de mon existence maintenant ? Demain ? La mise en perspective dans le temps hier, aujourd'hui et demain vous donne des repères, vous donne un cadre, une sécurité temporelle où la mémoire peut être à nouveau stimulée. La précocité de cette prise en charge lors du défusing ou débriefing est structurante pour la suite de la prise en charge. Si cela se fait à posteriori, c'est plus difficile mais ce sera utile bien évidemment, car le débriefing est la base du traitement du SSPT. Quelle que soit la phase d'intervention, ce que le thérapeute partage avec vous se résume en deux mots : le temps et la parole, c'est-à-dire tout ce qui a disparu lors de l'évènement traumatique. Ce débriefing immédiat procure de l'apaisement. Il doit être effectué le plus rapidement possible dans un souci de proximité.

Il est préférable que vous soyez suivi sur le long terme avec la même équipe. Le lien qui s'établi précocement avec un psychologue ou un psychiatre implique une continuité. Il serait dommageable pour vous de ne pas avoir de stabilité parmi les professionnels s'occupant de vous. C'est pourquoi un travail en réseau doit s'établir entre les praticiens agissant sur la zone de combat et ceux qui vous suivront près de votre domicile. Une coordination zonale serait cohérente avec l'organisation militaire et civile. Une collaboration entre les professionnels de santé intervenant dans la chaîne médico-psychologique serait à développer. Dans l'idéal, les praticiens amenés à prendre en charge le patient sur le long terme seraient utilement présents lors du traumatisme afin d'assurer une continuité dans le processus thérapeutique visible et compréhensible pour le patient. Dans la réalité, compte tenu du contexte des missions et de l'organisation des soins, cela n'est pas possible. Donc tout ce qui peut être entrepris pour renforcer le lien entre le médecin des forces, les psychiatres et les psychologues militaires et civils mérite d'être encouragé.

L'hyper-vigilance

« *Vous êtes tranquillement dans votre salon, assis sur votre canapé à écouter de la musique. Le chat bondit sur un fauteuil dans le salon à la poursuite d'une mouche. Vous vous réfugiez brusquement derrière le canapé pensant un instant qu'il s'agit d'un assaut de l'ennemi. Vous êtes en sueur, votre rythme cardiaque s'est accéléré. Vous n'êtes plus chez vous, mais reparti sur la zone de combat. Très vite vous comprenez le caractère complètement décalé de votre attitude. Vous émergez de derrière le canapé le plus dignement possible et vous revenez vous asseoir sur le canapé, épuisé physiquement et psychiquement, gêné et honteux. Le chat paniqué, s'est réfugié sous le fauteuil et si des invités sont présents, ils vous regardent comme un extra-terrestre.* »

Soit votre conjoint, soit vous, si vous en avez la force, expliquez que ce type de manifestation est connu dans le syndrome de stress post-traumatique, que cela n'a rien d'anormal et que cela peut se reproduire, mais en s'atténuant dans le futur. Cette hyper-vigilance fait partie du conditionnement militaire. Cela permet de dédramatiser la situation et vous permettre de reprendre la main dans une situation qui vous a échappé et que vous avez subie. Rien ne vaut la pédagogie pour renforcer des liens et asseoir des postures. D'autres situations de la vie favorisent la survenue de ces accès d'hyper-vigilance, par exemple un hélicoptère, un feu d'artifice, Après cet épisode, votre mission est de ré-apprivoiser le chat qui, lui, a eu très peur.

Un sas de décompression entre les évènements vécus et le retour à une vie normale, comme celui qui a été mis en place par les armées à Chypre lors de l'engagement en Afghanistan et à Saly au Sénégal pour les dernières opérations en Afrique, est une étape essentielle de transition. Ce type de sas mériterait d'être multiplié. Il a certes un coût mais pour le cas des militaires, celui-ci est bien peu de chose au regard du sacrifice consenti par le militaire et de ce que la société lui doit en reconnaissance de l'action menée. D'une façon générale, les coûts de ces sas peuvent éviter d'autres coûts encore plus élevés représentés par les soins au long court de tous les SSPT qui auront pu être évités.

L'isolement, l'incompréhension

Ce qui revient souvent dans les discussions porte sur le sentiment d'incompréhension que vous pouvez connaître au sein de votre famille, et sur l'isolement que vous ressentez même entouré par les vôtres. « *Ils ne savent pas ce que nous avons vécu, ils ne réalisent pas.* » Cet isolement, la peur au ventre, la colère, l'impuissance face à la réalité, une grande détresse sont autant de sentiments qui peuvent vous rendre bagarreurs, agressifs envers vous-même et/ou envers autrui.

Le traumatisme déstructure la psyché et les liens individuels. La famille peut être la première victime collatérale du traumatisme. Elle doit avoir les moyens de résister et de se défendre. Un premier élément limitant ses capacités de défense est la méconnaissance de la pathologie et des symptômes. Le deuxième élément est l'isolement médical social et le troisième est la précarité financière. Ainsi toute la communauté militaire ainsi que la société civile sont amenées à travailler de concert pour élaborer les cercles de sécurité et de bienveillance autour du militaire blessé.

Un véritable parcours de soin, parcours de vie se met en place Avec en premier lieu l'information et le dépistage, puis les soins en s'appuyant sur des réseaux civilo-militaires labellisés et identifiés, en troisième lieu l'accompagnement pour une réinsertion ou une reconversion professionnelle, enfin en quatrième point la réparation qui n'est pas que financière mais se manifeste principalement par une reconnaissance de la nation

Un pansement invisible

Une blessure physique est visible, d'abord de vous-même mais aussi de l'extérieur. Cela marque pour votre entourage un fait de guerre, et impose le respect, la bienveillance et les attentions des autres. Cette blessure peut également restreindre vos mouvements mais vous en acceptez les limites à votre action, eu égard à cette réalité visible. La blessure psychique quant à elle ne se voit pas. Vous ne la voyez pas. Les autres ne la voient pas. La vigilance, l'attention habituellement manifestées pour une blessure physique ne se manifestent pas spontanément pour une blessure psychique puisqu'elle est invisible. Les autres ne connaissant pas votre blessure, peuvent vous blesser, vous bousculer, vous déstabiliser sans que cela soit volontaire.

C'est pourquoi, de la même manière qu'un pansement protège votre plaie et qu'une béquille vous aide à marcher, vous devez construire un pansement invisible pour protéger votre plaie invisible. Cela peut être un arsenal de réponses toutes prêtes que vous utiliserez autant que de besoin. Concernant ces réponses, exprimez-les de façon naturelle. Si vous n'avez pas envie de sourire, de faire des frais à quelqu'un, ne vous forcez pas à le faire. De la même manière que si vous étiez fatigué après avoir marché avec votre plâtre et votre béquille, et que vous demandiez à ce que l'on vous laisse vous reposer, au prétexte que vous avez, par exemple, un programme de récupération à suivre.

Dans cette nouvelle vie que vous construisez, vous organisez vos zones de confort, vos temps d'entraînement, de réparation, de traitement et vos temps de repos. Tel un grand sportif qui se prépare à une compétition de haut niveau, vous préparez votre reconstruction et votre avenir. La prise en charge du SSPT se fait au long cours. Aussi vous devez limiter les contraintes et les difficultés pour structurer votre environnement.

Les discussions et les échanges avec votre thérapeute peuvent se faire sans contrainte, presque sur un mode de bavardage, à bâton rompu dirions-nous. La parole permet un transfert, une libération. Pour vous désormais, votre « mission » est de faire bouger votre vie, votre psychisme, de faire revenir le désir, de vous sortir de la sidération du trauma, de vous remettre dans le mouvement de la vie. Tel un feu qui couve sous la braise et sous les branchages, il s'agit de dégager les poussières, les débris secs et morts pour laisser le feu de la vie jaillir. Il s'agit de vous permettre de sortir de la sidération du traumatisme pour faire émerger l'être de désir qui est en vous. Le désir est ici mentionné comme une « puissance d'être » selon le philosophe Spinoza pour qui le désir est l'essence de toutes choses : « *le désir est une affection joyeuse dans la mesure où la joie est un sentiment d'accroissement de notre propre puissance, sentiment d'affirmation de la vie dans sa plénitude* » (*Étique*, livre III).

Dans ces pages, j'ai souvent pris comme référence ou exemple le cas d'un militaire homme, mais la féminisation dans les armées comme au sein de la police expose les femmes au risque de traumatisme comme leurs camarades hommes. La symptomatologie et la gestion du stress post-traumatique posent à priori les mêmes problèmes. Une particularité cependant concerne le lien avec les enfants. Surtout lorsqu'ils sont petits, les enfants sont incroyablement connectés aux émotions de leur mère. L'enfant sera-t-il un médiateur pour des émotions positives et, en ce sens, sera-t-il un contributeur au processus thérapeutique de sa mère, ou bien au contraire percevra-t-il les conséquences émotionnelles du traumatisme de sa mère ? Dans le réseau de professionnels même élargi pouvant se constituer autour du retour du militaire, la présence d'un pédopsychiatre pourrait être utile.

Enfin, sur le plan physiologique, des entraînements physiques poussés et/ou des traumatismes peuvent perturber certains processus chimiques du corps, provoquant une irrégularité, ou un arrêt des cycles menstruels avec un dysfonctionnement de l'ovulation. En résumé, les repères physiologiques féminins peuvent être totalement perturbés impliquant une prise en charge gynécologique.

Réapprendre à vivre ensemble

Le militaire et sa famille

Le militaire peut et doit s'appuyer sur sa famille, son conjoint, ses parents, ses enfants, ses frères et sœurs, ses cousins pour réapprendre avec eux le chemin de la stabilité émotionnelle, retrouver une zone de confort affective, et rentrer dans une logique de bienveillance, de réassurance. Cet accompagnement de leur part peut se faire sans mot, sans grand discours, simplement par leur présence, leur constance. Par leur simple présence, ils sont la manifestation même de la vie, qui porte sens. Cet accompagnement, ce cheminement vers la stabilité émotionnelle est différent d'une thérapie. C'est un facteur supplémentaire de réussite vers la reconstruction, qui est complémentaire des thérapies entreprises.

Les proches ne doivent pas être des thérapeutes. Ceci est une absolue nécessité. Les rôles ne doivent pas être confondus. Les proches ne sont pas préparés à ce rôle de thérapeute. Ce n'est pas leur métier. Ils ne sauront quoi faire de ce que vous dites, de ce que vous leur livrez, et pourront être eux-mêmes déstabilisés. La relation familiale, conjugale, filiale, parentale doit être préservée.

Cette sanctuarisation du privé permettra non seulement d'optimiser la thérapie en cours, mais sera le terreau utile pour la réaffirmation de ces liens, comme si les personnes se redécouvraient, se prêtaient à nouveau serment, exprimaient à nouveau ou pour la première fois leur amour, leur fidélité, leur affection les uns pour les autres. Cela permet de vivre mieux, différemment la relation familiale, au lieu de chercher la restauration d'un passé qui appartient au monde pré-traumatique. Les mots d'ordre pourraient être : se retrouver, se reconnaître, s'apprivoiser, s'aimer différemment, plus fort, afin de réécrire une histoire commune et de savoir être dans la narration du passé manquant à chacun.

Retrouver sa place

Ce schéma est valable avec ou sans stress post-traumatique.

Pendant l'OPEX, les familles ont appris à s'organiser sans le militaire. Le conjoint seul est devenu le chef de famille, les enfants se sont nouvellement positionnés par rapport à ce nouveau chef de famille, et se sont parfois autonomisés. Ils se sont senti un devoir de protéger leur mère, d'être plus responsables qu'auparavant. L'épouse s'est découvert des talents cachés par exemple en plomberie, a pris de l'assurance dans la gestion de la famille. Ce qui a été une épreuve réussie est devenu une victoire personnelle, bref en quatre ou six mois la famille a évolué, de façon autonome, sans l'aide de l'absent.

Quand il revient, un nouvel équilibre est à trouver. De son côté, il ne s'agit pas de dire, « *le chef est revenu, c'est moi qui dirige* » et de reprendre les rênes comme avant la mission en essayant de renvoyer son épouse dans la cuisine et les enfants à leurs devoirs. Il risquerait alors d'être considéré, par son épouse et ses enfants, comme un visiteur à qui il faut réapprendre des codes de la vie en famille. Ces phrases peuvent paraître caricaturales et faire sourire ou bondir. Mais si j'en crois les témoignages recueillis, des situations vécues ne sont pas si loin de cette description. Comme dans toute relation humaine, il s'agit de trouver un compromis, et que chacun reconnaisse les efforts entrepris par l'autre, les valorise. Cet effort de compréhension mutuel permettra à chaque membre de la cellule familiale de trouver sa place à nouveau.

Dans ce ré-apprivoisement mutuel, la relation de couple est fragile et précieuse. Là aussi les attentes peuvent être différentes. D'un côté l'attente d'une présence, d'affection, de tendresse, de sensualité et, de l'autre, un manque d'activité sexuelle avec le souci de la performance et l'angoisse d'une possible défaillance. En fonction de la symptomatologie du SSPT, un blocage, une impuissance peut se manifester. Le dialogue, le respect et l'amour sont les trois piliers de la réécriture de la relation de couple. Prendre ce moment comme un temps de reconquête de l'autre, de reconnaissance de cette attente et de reconnaissance du lien qui unit. Prendre le temps de se redécouvrir, de se retrouver. Ce temps n'est pas du temps perdu, mais représente au contraire une étape très précieuse dans la vie de couple d'attention mutuelle. En matière de sentiment amoureux, rien n'est dû, tout est à aimer et à conquérir. Le fantasme du repos du guerrier existe principalement pour le guerrier… Enfin, il faut aussi s'attacher à prendre soin des enfants et des conjoints ou des parents qui peuvent être déstabilisés sur le plan émotionnel, voir psychologique par cette séparation. Bien que n'ayant pas vécu directement le traumatisme, ils peuvent développer des souffrances psychiques qui nécessitent une prise en charge différenciée de celle du patient initial.

Pour retrouver sa place, il est essentiel de changer complètement de cadre de référence, changer son prisme de lecture des faits et de la réalité quotidienne. C'est difficile. Par exemple, un enfant qui pouvait représenter une menace dans un conflit, car armé ou prêt à se faire exploser à quelques mètres de vous, redevient au sein de la structure familiale un innocent, un enfant, vulnérable et en demande de présence et d'affection de la part de celui qui était parti.

Par ailleurs, les discussions que le militaire a eu au sein de son unité, de son groupement, de son équipe avec ses camarades ayant vécu les mêmes situations que lui, n'ont pas lieu d'être dans son entourage privé. Au sein du groupe, outre l'assurance d'une compréhension parfaite de la situation, du contexte car tous ont vécu les mêmes choses, la discrétion, requise, est assurée par les consignes de sécurité. Au sein de la famille se posent plusieurs questions. Celle de la confidentialité en tout premier lieu. Certes une épouse, une mère de militaire, de policier connait les contraintes du métier de son conjoint, de son fils, et est liée de fait à ce secret par un contrat moral. Mais cependant peut-on tout dire d'une situation de crise, de combat ? Impliquant d'autres camarades ? des problèmes politiques, sécuritaires, diplomatiques ? Parallèlement le souhait de protéger sa famille des horreurs de la guerre, de la dureté du combat, de la situation vécue, limite la possibilité de dialoguer et de raconter les faits, l'historique du trauma. Le militaire souhaite la protéger, la préserver, et ne pas l'exposer à la violence du traumatisme. Ce sujet est délicat. L'exposition indirecte au traumatisme de la famille, d'un conjoint, d'un enfant par définition non préparé au récit peut s'avérer déstabilisant pour l'écoutant. Il ne saura que faire de ce récit, de cette violence, de ces secrets peut-être trop lourd à garder.

Cependant un dialogue singulier doit être installé, propre à chaque histoire et à chaque famille. Pour le conjoint, les enfants, les parents. Partager avec l'être aimé ce qu'il a vécu, cet espace de vie passé respectivement à l'autre bout de la terre, est indispensable pour écrire, récrire le roman familial, (re)construire l'histoire à partir du moment où l'OPEX, la mission, démarre. Ce partage de vie permet de recréer des liens, faute de quoi la famille se sent exclue, mise à l'écart, se vivant comme incapable de comprendre l'autre, alors que le seul souhait de l'épouse ou de la mère est de comprendre au mieux ce qu'a vécu l'époux ou le fils, et de partager avec lui de l'amour, de la compassion. « Cumpassere », souffrir avec ! Tel peut être le souhait des familles. Un compromis est à trouver entre le patient et sa famille dans le partage de l'expérience en y intégrant le conjoint sans le traumatiser. Cela demande une clairvoyance au militaire ou au policier de retour de mission. Prendre l'autre dans son voyage, lui faire de la place dans son bagage, sans l'écraser, sans le terroriser, sans le traumatiser. Bref lui refaire une place dans votre vie. Certes il revient de l'horreur et il veut protéger ses proches du traumatisme qu'il a vécu. Mais même dans sa détresse, dans sa souffrance, il doit laisser la porte entr'ouverte pour que le fil ne soit pas trop distendu avec sa famille, et qu'une distance ne s'installe pas trop vite. IL doit réapprendre à partager avec sa famille ce qu'elle peut supporter et comprendre. Cela vous demande un effort de discernement, mais ce faisant, il lui offre la possibilité de partager une partie de son histoire, et il leur reconnaît également une certaine valeur autre que le positionnement affectif.

Il peut ainsi bâtir un programme d'activité à effectuer en commun, par exemple le jardinage, des activités de loisirs, du sport, de la peinture, bref « exprimer » des émotions positives ensemble et ainsi se défaire de ses passions, de ses émotions, de ses obsessions. Le travail d'entraide entre famille de militaire appartenant à la même unité, voir entre famille de militaire appartenant à des régiments différents, mais se retrouvant régulièrement au sein des associations de familles, d'épouses, est un outil formidable pour apaiser les tensions.

La famille peut également avoir besoin d'un suivi psychologique

Elle a vécu l'angoisse, l'attente, la quête d'informations parcellaires venant soit du commandement soit des médias. Dans certains cas la discrétion et la confidentialité s'imposent. La famille d'un militaire ou la famille d'un policier n'est pas une famille comme les autres. En plus de l'attachement et du souci que l'on peut avoir pour un conjoint, un enfant, un parent, et du stress de base de la société, se rajoute la spécificité du métier, son exposition probable, possible voir quasi certaine à un traumatisme, à une situation violente, à un conflit, à une zone de danger. La tendance naturelle est de surprotéger mais cela n'est pas possible. Alors il faut vivre avec. La famille intègre, dans son panorama de vigilance, une zone de danger. Ce qui les rend vulnérables et forts.

Dans le paragraphe précédent, le cercle de bienveillance et de confort était évoqué pour l'agent revenant de mission. Il peut être mis en place pour la famille. La famille de militaire, de policier est particulièrement sollicitée sans que cela fasse l'objet d'une mise en lumière. Force est de constater que les conjoints, les enfants, les parents, les frères et sœurs sont exposés indirectement parfois plus violemment que la victime elle-même mais de manière très différente. L'information sur la mission réalisée, les risques liés à telle dangerosité sont développés dans la presse, les médias de façon très anxiogène. Le niveau de stress de la famille est augmenté, conforté et/ou amplifié par l'absence de nouvelle liée à la particularité de la mission. À ce contexte informatif général, les discussions avec des proches, amis, voisins ou personnes extérieures au milieu peuvent augmenter de façon exponentielle cette angoisse. La tolérance de ce stress d'attente est variable selon la capacité de résistance de chaque personnalité. Aussi pouvoir évoquer librement dans un contexte qui ne jugera pas et ne trahira pas les doutes, les angoisses, les colères est un facteur de réussite dans la reprise de la vie commune avec le conjoint parti en mission.

Le bien-être de la famille est un atout essentiel, gage de la réussite de la reconstruction du militaire et gage de solidité pour la structure familiale ultérieurement. L'épouse doit prendre soin d'elle-même, de ses enfants. Chaque membre de la famille doit prendre soin de soi ! Cet accompagnement des familles pendant les OPEX peut se faire en lien avec le commandement, les associations de famille de militaire, mais également séparément en tenant compte des goûts, des spécificités, de chaque environnement. Ce doit être un espace de liberté, de sérénité pour se ressourcer. Cette prise de conscience n'est pas facile à faire car le quotidien – le fait de devoir assumer seule une vie de famille normalement gérée en couple et l'angoisse pour la santé et la vie de l'être aimé – fait se concentrer sur le calvaire que vit le conjoint et non sur soi. Mais précisément un changement d'état d'esprit peut être utile pour les familles. Durant tout ce temps où le conjoint est en mission, on ne peut rien faire pour lui si ce n'est penser à lui, l'aimer et prier pour lui en fonction de ses convictions religieuses. En revanche, il faut prendre soin de soi et de sa famille pour lui offrir un retour dans un environnement serein, stable et épanoui, ce qui permettra de supporter une éventuelle déstabilisation liée au trauma et de trouver le cercle de bienveillance, de sécurité et de sérénité évoqué plus haut.

Conjoints, enfants, frères, sœurs, parents, prenez soin de vous pour prendre soin de lui

La sérénité, la stabilité et la sécurité affective perçues dans la famille diminueront le stress et l'angoisse. Certes, tout ne sera pas résolu ! Mais cela calmera les angoisses réciproques. Le suivi, l'accompagnement de la famille peut se poursuivre après le retour. Il ne s'agit pas de dire toute la famille va chez le psy ! Mais le cercle de bienveillance, de confort et de sécurité est actif et activé avant, pendant et après le retour ! Des familles peuvent être détruites, des couples se séparer, des enfants déstabilisés par un retour mal préparé et mal ou pas accompagné. À la vulnérabilité affective, se rajoute la précarité financière et sociale. Là c'est un cercle délétère qui s'installe avec son lot de détresse, de culpabilité, de colère. On peut en venir à l'auto-agression et/ou l'hétéro-agression

Les familles sont des tuteurs de résilience. Une bonne connaissance des interactions des acteurs et des familles est utile pour identifier les points forts et les difficultés possibles. La famille est un espace de narration. Toutes les relations se renégocient : la parentalité, la place du père à retrouver, du contact à renouer, de l'autorité à reprendre au sein de la cellule familiale, la relation de couple à redéfinir.

La famille a également un autre rôle à jouer. Elle ne soigne pas, n'est pas un thérapeute mais elle va apprendre, réapprendre à s'aimer soi, se soigner, se respecter, prendre soin de soi. Elle est vigilante et sera la première peut-être à déceler des comportements et/ou réactions inhabituelles évocatrices de SSPT. Elle pourra en parler et conseiller de consulter un médecin. Outre ce rôle de vigie, sa présence donne un signal d'humanité. Le sujet vient de vivre une situation tellement violente, déshumanisante, sans sens, bouleversant tous ses codes habituels, barbare dans certains cas, que la seule présence d'êtres aimés le relie à l'humanité et au réel. Les observer dans la banalité du quotidien est source d'étonnement, de joie. Tout comme devant une cheminée, alors que l'on est frigorifié, on se réchauffe devant les bûches en flamme craquant et libérant joyeusement une douce chaleur, on se nourrit de leur présence, de cet amour de cette affection qu'ils portent et du bonheur qu'ils éprouvent de se voir avec lui.

Prendre en charge la famille est une manière de prendre en charge le militaire. Plus informée, plus suivie, la famille peut comprendre, détecter les changements de comportements du conjoint qui conduisent à une consultation vers un professionnel et informer le militaire sur les signes sans que cela soit stigmatisant pour lui. La famille proche est tout à la fois un lanceur d'alerte en cas de modification dans l'attitude du militaire, une vigie, un allié des professionnels de santé, sans se substituer à eux. Je ne le répèterai jamais assez. Le conjoint, les parents, les enfants ne sont pas des thérapeutes. Mais ils doivent avoir une connaissance de la pathologie, de la symptomatologie pour ne pas être surpris et déstabilisés par un comportement inhabituel, savoir rassurer le conjoint, et pouvoir donner l'alerte. La famille est un espace privilégié de confiance et de sécurité affective. Ce cercle familial mérite également toutes les attentions. Un réseau amical mais également médico-psychologique est à installer autour de la cellule familiale.

Au-delà de la « mission » de détection et d'anticipation, la famille, en particulier les conjoints et les enfants, nécessite une attention toute particulière. Même si elle n'a pas connu de traumatisme psychique générateur de SSPT, elle peut subir des chocs émotionnels, un conditionnement dû à l'attente fébrile, au suivi des images liées à l'actualité sur les chaînes d'information continue, à une attente fusionnelle, prise dans les filets de l'angoisse, de l'anxiété et du stress, sans recul possible. Une instabilité émotionnelle rend particulièrement fragile la personne qui sera amenée à tenir le rôle de tuteur de résilience. Lorsque cette fragilité rencontre l'angoisse du retour chez le militaire, la tension est palpable et l'instabilité peut prévaloir dans le couple.

Pour les familles, je redis, prenez soin de vous pendant la mission de votre conjoint. Cela ne sert à rien de vous mortifier, de suivre avec trop d'intensité les combats qu'il peut être conduit à mener, de vous identifier, d'adhérer à sa souffrance. La compassion ne veut pas dire la fusion, l'identification. À son retour le militaire a besoin de retrouver un conjoint qui certes peut comprendre les enjeux, le contexte de son combat, mais qui est un symbole de la normalité, de la sérénité avec une distance par rapport à ce qu'il a vécu. Ce conjoint est son roc, son port d'attache. Il a besoin de l'être aimé, de le retrouver en pleine forme, solide, rayonnant avec suffisamment de force intérieure pour être présent à certains moments, se mettre en retrait à d'autres, et pour encaisser ses accès d'angoisse.

Le soutien des autres familles de militaire est créateur de lien et de solidarité entre conjoints de militaire. Les conjoints peuvent partager des expériences, des interrogations en toute confiance et sérénité car appartenant à la même famille, au sens très large. La famille d'un militaire porte en elle l'amour mais également un long parcours d'endurance, de souffrance, de résistance et de résilience. Le travail d'entraide, le bénévolat, la place des associations et le dialogue en réseau avec le régiment d'appartenance, les cellules d'aide aux blessés, constituent un travail d'accompagnement.

4.

Se réinsérer dans la vie sociale

S'appuyer sur ses amis et sur ses réseaux

Les amis

Retrouver des rituels, une routine tant dans sa vie familiale qu'amicale représente une douce musique réconfortante. Les amis construisent une passerelle précieuse entre le monde d'avant le traumatisme et celui d'après le traumatisme, mais pas seulement. Ils sont des relais familiers entre la sphère privée, intime (enfance, scolarité, hobbys, loisirs, centres d'intérêt communs) et le monde extérieur. Ils ont suffisamment de liens affectifs pour créer une complicité sans qu'il y ait une notion d'obligation dans la relation. Ils créent un espace de liberté dans leur relation avec vous. Ils peuvent offrir une médiation si des tensions familiales apparaissent. C'est en quelque sorte une soupape de sécurité qui permet une réadaptation en douceur dans le milieu naturel qui était le vôtre avant le trauma, sans la charge affective accompagnée par de possibles sentiments de culpabilité, pouvant exister au sein de la sphère familiale. Quelques précautions sont néanmoins à envisager : s'assurer de la fiabilité de cet ami, et de l'absence d'interférence avec la famille. Même si il est proche de l'épouse, des parents, cet ami n'est pas le porte-parole de votre conjoint, de vos enfants.

Trop de médicalisation diminue les capacités opérationnelles pour une reprise dans la vie sociale et professionnelle. Bien que dans certaines circonstances la médicalisation renforcée s'impose, le militaire blessé ne doit pas se percevoir, ni être perçu comme un malade, comme un handicapé de la route militaire ou professionnelle. La maladie ou la représentation de la maladie peut isoler dans le cercle social ou même familial. Cela permet d'effectuer un tri entre les personnes qui vous sont réellement attachées et les autres, c'est-à-dire soit des relations plus éloignées ou superficielles, soit des personnes qui ont peur de la maladie, n'osent pas le dire, n'en sont même pas conscientes. La maladie peut faire peur. La maladie psychique intrigue ou effraie d'avantage, car présente un caractère flou, mystérieux. Une gêne, une pudeur, peut se manifester, ne sachant comment appréhender ce que vous venez de vivre, ne sachant quelles paroles prononcer ou non. Si vous percevez cette gêne, faites preuve de pédagogie et prenez comme un exercice sans enjeu cette explication pour l'autre de ce que vous vivez. Plus vous mettrez des mots, plus vous maîtriserez le temps présent.

Après, deux options s'offrent à vous, soit un contact privilégié s'établit avec cette personne, et cela renouvelle vos liens, soit elle reste imperméable à vos propos. Ne lui en tenez pas rigueur. Elle n'est probablement pas prête à entendre votre souffrance. Vous vous retrouverez plus tard ou peut-être pas. Mais vous aurez essayé de lui expliquer, de recréer un lien avec elle. C'est cela le plus important. Les relations humaines représentent une alchimie singulière. Tout ne peut pas fonctionner à cent pour cent.

L'autonomisation et la reprise de responsabilité constituent deux des leviers de la reconstruction, car ils valorisent la personne, lui redonnent l'estime de soi. Bref cela a un impact narcissique positif. Cet apprentissage de la vie sociale, qui aboutira à la vie professionnelle, peut s'imaginer par des cercles vertueux d'apprentissage, de reprise de responsabilité progressive et de restauration de l'image de soi. Commencer par le cercle amical en se donnant des objectifs sur des activités pratiquées en commun antérieurement, ou bien en découvrant avec ses amis d'autres activités constitue une première étape. Peut-être d'ailleurs privilégier la deuxième option, afin que le blessé psychique démarre au même niveau que ses amis. L'apprentissage se fait en commun. Le goût de l'effort et de la découverte d'un nouveau domaine, la cohésion de groupe qui s'effectue alors, constitue un acquis très précieux pour la reprise de la confiance en soi. Cette première étape franchie, il s'agit de la stabiliser dans le temps et dans l'intensité de l'activité pratiquée. La réinsertion dans la vie sociale, amicale est un des éléments de surveillance et de vigilance de suivi dans le SSPT. En effet la désocialisation, entraînant la précarisation, est bien connue en particulier chez les vétérans américains. Ce stade est le stade ultime d'une descente aux enfers qui est accompagnée d'une souffrance psychologique croissante. L'isolement, la détérioration de l'image de soi, un comportement conflictuel voire agressif vis-à-vis de son entourage, puis l'auto-agression soit la tentative de suicide jalonnent ce cercle négatif.

À côté de la solidité de la vie familiale évoquée précédemment, la sécurisation financière est aussi un facteur de stabilité essentiel, accompagné si vous en avez la possibilité de la mise en place d'un plan de carrière, éventuellement d'un processus de reconversion. Ces différentes composantes du plan de bataille du retour sont inscrites dans une temporalité différente, mais doivent être présentes à l'esprit du militaire et de sa famille.

Enfin, à mi-chemin entre la sphère amicale et les réseaux professionnels, je mentionnerai le lien très fort vous unissant à vos camarades ayant été en mission avec vous. Ils forment votre seconde famille. Votre sphère d'échange est particulière, singulière, protectrice, et sécurisée. Voyez-les en dehors de votre famille pour privilégier ces moments d'intimité qui n'appartiennent qu'à vous. Ils sont le reflet de la cohésion de groupe que vous viviez avec eux au sein de votre régiment ou en mission. Mais organisez également des moments festifs où ils peuvent rencontrer votre famille, et vous la leur. Les deux familles privées et militaires sont amenées à vivre ensemble, à coexister, partageant les mêmes joies et les mêmes contraintes. Évitez les cloisonnements et favorisez le partage. Tout ce qui crée du lien est bénéfique pour votre reconstruction.

S'occuper des autres blessés

Il ne faut pas occulter les autres blessés. Continuer de s'intéresser aux camarades blessés physiques et ou psychiques rend vivant. En les aidant à retrouver un peu de sens à leur vie, on peut en trouver pour soi-même. Il s'agit de mettre les fausses pudeurs et l'orgueil de côté, se laisser approcher, aider par des camarades blessés et approchez vos camarades blessés. Dans ces échanges il n'y pas de maître, pas d'élève, de guéri, de malade, mais une communauté de vie, de souffrance, où des liens de solidarité, d'amitié peuvent se développer, en ayant une intensité différente de la vie normale. Outre le soldat on découvre en l'autre l'homme souffrant, l'homme avec des capacités insoupçonnées. Cette expérience de l'homme fait toucher du doigt l'humanité, et peut faire surgir des émotions inconnues. Ce lien fait vivre. Chacun est important pour l'autre, l'autre est important pour soi.

Les réseaux

Les réseaux sociaux, le web, font partie désormais du quotidien tant pour la communication que pour l'information. Les réseaux sociaux comme vecteur d'information au sein de la communauté militaire peuvent être des partenaires de la reconstruction, et créer des communautés d'intérêt. Ainsi le ministère de la Défense, la CABAT sont sur internet. Le récit des rencontres sportives militaires illustre ce qui s'est déroulé au sein de la communauté. Cela provoque un sentiment d'appartenance. Cela permet aussi de faire passer des messages comme des contacts de professionnels, des formations ou des activités culturelles, sportives. Il est possible d'imaginer des téléenseignements, des échanges par téléconférence.

Une communauté utilisant les NTIC[1] peut ainsi se construire autour des militaires sur le stress post-traumatique. L'intérêt majeur est de relier et de faire se rencontrer des personnes dispersées sur tout le territoire et en outre-mer. Le web agit alors comme un fédérateur de réseau entre les militaires, leurs familles. Des partenariats avec les civils peuvent aussi se développer. La limite de ces réseaux est la confidentialité et la sécurité des informations qui circulent. Une modération rigoureuse de ces espaces d'échanges est indispensable pour créer de la

1. Nouvelle techniques d'information et de communication.

confiance. Mais il est important de préciser que ces réseaux et ces échanges ne remplaceront jamais une thérapie, une consultation. Dans la prise en charge du stress post-traumatique, la présence physique du thérapeute est consubstantielle à la thérapie, même si bien sûr des exceptions existent en cas d'absence de thérapeute spécialisé à proximité du patient. Des téléconsultations pourraient être envisagées. Ces différentes options sont à étudier en lien avec le professionnel de santé qui coordonne la prise en charge du militaire blessé psychique.

Les réseaux ou les blogs entre camarades d'unité, de régiment se développent. Pouvoir discuter avec d'autres militaires, ayant vécu le même type d'expérience, appartenant à la même arme ou au même régiment est rassurant. Dans la galaxie du cercle de sécurité affective, cela peut aider. Ce mode de communication est en vogue et ce d'autant que les nouvelles générations de militaires sont nées avec les réseaux et que cela fait partie de l'univers quotidien.

Les précautions d'emploi sont, pour ce type de réseau, les mêmes que pour les autres : conserver une vigilance quant aux personnes partageant les échanges. Ce type de réseau favorise les échanges d'informations très personnelles qui ne doivent pas être diffusées au-delà d'un cercle restreint d'amis voir de confidents. Le modérateur du site ou du blog doit jouer ce rôle de filtre et de régulation des échanges. Ce site doit être sécurisé. La menace d'un pirate et la diffusion de vos informations intimes sur la toile constituent une vigilance absolue à avoir !

Gérer la médiatisation ou l'indifférence

L'influence des médias dans la vie politique, sociale est grandissante. Que l'on parle trop ou pas de « *votre guerre* » peut être difficile à vivre et à gérer pour la famille. Savoir prioriser, hiérarchiser les sollicitations est une étape essentielle. Quand on revient de l'enfer, on a certes envie de partager son expérience, mais aussi de tourner la page. Ce souhait apparemment contradictoire est mis à l'épreuve par l'environnement médiatique.

Si l'actualité met en lumière le théâtre d'opération concerné, les images qui passent sur les chaînes d'information télévisuelle, à la radio peuvent être réconfortantes pour tous dans la mesure où cela marque l'intérêt de la nation dans ce conflit ou cette crise ; mais cela peut aussi s'avérer très angoissant si les risques de la crise et la nature du conflit sont décrits. Pour les conjoints, les familles, cette exposition engendre des questions et des angoisses.

Lorsqu'on revient de mission, on peut alors être confronté, en plus de la difficulté du retour, à des questions de son cercle intime pour expliquer, décrypter, décoder ce qui s'est passé. Cette opération d'explication de texte et d'image de l'actualité est répétée par le cercle amical. Cette médiatisation est à double tranchant, d'une part elle valorise l'action aux yeux de la société, d'autre part elle enferme dans une époque désormais achevée pour l'intéressé et peut empêcher et limiter les perspectives de tourner la page. Comment une famille peut-elle gérer une pression médiatique importante ? Le risque réside en une confusion du message avec des effets délétères sur la famille. En cas de doute, de confusion, le chef donne le sens de ce qui s'est passé en clarifiant le message.

Concernant la médiatisation, évoquons l'impact des commémorations. L'année 2014 fut riche de commémorations entre le centenaire de la guerre de 1914 et la seconde guerre mondiale. L'évocation de ces souvenirs constitue un travail de réparation et de reconnaissance du sacrifice de tous ces jeunes soldats, mais illustre également la cruauté des conflits, ce que l'actualité complète en y rajoutant l'inhumanité et la barbarie. Ces images peuvent réactiver des traumatismes liés à ces conflits, ou à des conflits plus récents. Cette réactivation provoque étonnement, angoisse et un sentiment de dénuement devant des symptômes non connus et des images enfouies dans la mémoire. La symptomatologie du stress post-traumatique décrite au début de ce livre peut alors resurgir. C'est pourquoi, il peut être important d'anticiper également les périodes anniversaires du traumatisme qui peuvent être des zones d'inconfort absolu, de grande détresse. S'organiser pour ne pas rester seul, pour avoir un temps prévu officiel ou privé avec des personnes reliées à cet évènement afin de le commémorer ensemble. Il ne sert à rien de vouloir l'occulter, on n'y arrive pas et si on tente de minimiser l'évènement, il sera encore plus présent, consommant l'énergie psychique déployée pour le cacher. Il ne s'agit pas de le célébrer, ni de le banaliser, mais de le vivre en pleine conscience, à sa juste mesure, de l'inscrire dans le fil de son histoire avec des personnes, soit qui l'ont vécu également, soit qui peuvent partager cette émotion. Le vivre en pleine conscience et en pleine lumière fera baisser son intensité. Sa lumière pâlira. On en sort plus fort.

En revanche, l'indifférence est un véritable poison. Lorsqu'on rentre d'un théâtre d'opération où les combats furent extrêmement violents, on a vécu avec une intensité remarquable une mission où des avancées significatives ont été également enregistrées. On arrive en France, et on cherche désespérément dans l'actualité une information évoquant ce conflit. L'information en chassant une autre, on trouve des quantités d'informations diverses mais rien sur cette guerre. Autour, les gens ont oublié cette zone d'engagement et de toute façon ils sont préoccupés par d'autres choses. On peut se retrouver complètement décalé, désarçonné devant cette indifférence et voir des yeux ronds quand on explique la réalité vécue. Cette indifférence peut susciter de l'ironie, de la colère, de l'incompréhension et de la déception. Elle conduit à s'interroger sur le sens du sacrifice consenti pour une nation qui a la mémoire d'un poisson rouge et passe avec beaucoup de facilité et de légèreté du conflit en RCA au dernier potin people.

Dans ce cas-là, il ne sert à rien de lutter, mais au contraire de surfer en haut de la vague plutôt que d'être submergé. Il faut continuer à suivre son propre chemin de reconstruction et à être à l'initiative d'action de solidarité pour d'autres soldats engagés dans ce combat oublié par une actualité toujours en quête de sensationnel. Il s'agit de créer sa propre actualité.

5.

Vers une vie professionnelle renouvelée pour de nouvelles perspectives

Reprendre une vie professionnelle normale le plus vite possible. Ne pas se considérer comme malade, comme « foutu », tels pourraient être les axes majeurs de cette étape d'une reconstruction. Une blessure psychique associée ou non à une blessure physique empêche de reprendre l'activité précédente, mais elle fait découvrir d'autres potentialités. Le processus de reconversion professionnelle est un gage de réussite. Une aide lucide sur un choix de vie, logique, gagnant, cohérent, le vôtre. La famille peut utilement être intégrée dans cette réflexion. Le lien entre l'environnement professionnel et la famille est habituellement bien établi. Je n'aborderai ni les aspects administratifs des pensions, ni celui médico-administratif de l'inaptitude. Dans les deux cas pour le ministère de la Défense, des interlocuteurs au sein des cellules d'aide aux blessés peuvent répondre aux questions sur le sujet. Je resterai sur l'approche globale de cette nouvelle étape de votre vie.

La reconversion est un passage délicat à négocier, qui sur le plan psychologique peut conforter la thérapie ou au contraire déstabiliser la prise en charge. Cette reconversion ou cette reprise d'activité professionnelle est à envisager relativement tôt lors du retour. Cette démarche peut se faire selon deux voies : soit une voie directe de coaching par des professionnels de la reconversion ou de l'orientation professionnelle, soit une voie indirecte via un stage de réadaptation avec des activités collectives et des activités sportives. Le sport de par le dépassement de soi est un vecteur de confiance en soi, et de socialisation. Ces deux étapes confiance en soi et en ses capacités, et socialisation représentent le socle d'une approche sereine de votre nouvelle vie professionnelle. Ces activités ont permis éventuellement la découverte de nouvelles potentialités ouvrant un nouveau champ des possibles dans le choix d'un secteur d'activité. Ce moment est particulièrement important et mérite un accompagnement de qualité, en complémentarité avec le processus thérapeutique. En effet, cette nouvelle orientation porte en elle des germes de résilience. Je cite un exemple qui me laisse perplexe : un ancien militaire ayant vécu des scènes traumatiques à répétition avec la promiscuité de charniers, après des années d'errance, d'isolement social et de rupture familiale, a trouvé du travail… dans des pompes funèbres…

Dans ce parcours de reconversion, il s'agit de reprendre son histoire en globalité, de repérer des orientations, des aspirations à développer et d'être lucide sur ses possibilités. La mission désormais sera de mettre en adéquation ses envies, ses motivations avec ses capacités réelles. La découverte de nouvelles potentialités peut se situer à plusieurs niveaux, et constitue un challenge exaltant. Il s'agit de se découvrir de nouveaux centres d'intérêt, de nouveaux loisirs, de nouveaux hobbys, de nouvelles aspirations professionnelles.

Le sport est une des composantes des métiers militaires et policiers. Le sport permet de dépasser le handicap physique et/ou les peurs, les angoisses à condition bien évidemment que les conditions médicales soient respectées et qu'il n'y ait pas de contrindication, de mise en danger. Pour le ministère de la Défense, les rencontres annuelles des militaires blessés (RMBS), organisées depuis peu, représentent un bel exemple de ce qui pourrait se développer au profit des blessés psychiques. Organisée à Bourges au Centre de ressources, d'expertise et de performance sportives (CREPS), ce stage destiné aux blessés physiques a pour objectif de faire découvrir aux militaires blessés des sports adaptés à leurs handicap. Il est aussi question d'y associer des blessés psychiques. La pratique d'une activité nouvelle permet de se réapproprier son corps, d'avoir un lien bienveillant avec lui, qui parfois ne répond plus comme avant, et ou présente des comportements, des réactions bizarres.

L'estime de soi, qui constitue une des clefs pour aborder un nouvel avenir professionnel, passe également par un regard valorisant de son corps capable de répondre à un objectif, à une performance. Cela en écho à la culpabilité et/ou au sentiment de honte lié au trauma, à cette situation subie où le corps était tétanisé par la peur, et ne pouvait réagir objectivement eu égard aux circonstances de survenue de l'évènement potentiellement traumatique. La reconversion professionnelle permet de concrétiser ce changement de vie qui ne doit pas être perçu comme une contrainte mais comme une opportunité de capitaliser sur toute l'expérience acquise précédemment et de l'enrichir par d'autres compétences. Une âme de guerrier doit se retrouver dans ce nouveau challenge qui doit être à sa mesure et correspondre à ses valeurs. L'ouverture vers d'autres horizons est à favoriser en s'appuyant sur le réseau professionnel militaire, ce qui permet de regarder vers d'autres secteurs d'activité ayant des liens avec la défense, l'associatif, la solidarité, la sécurité, le conseil stratégique, la formation.

Stress post-traumatique ou pas, le sujet de la reconversion professionnelle concerne l'ensemble de la communauté militaire. Il ne faut avoir aucun tabou, aucune fausse pudeur pour aborder ce sujet avec la hiérarchie Au sein du ministère de la Défense, l'agence Défense Mobilité permet d'accompagner le militaire dans une deuxième vie civile. Le retour à une activité professionnelle même partielle au début est un facteur de reconstruction personnelle et psychologique. Une nouvelle approche médico-socio-professionnelle pourrait se développer. L'univers du soin, du secteur professionnel du militaire avant l'accident et les structures de reconversion professionnelle pourraient utilement créer des partenariats, constituant ainsi autour du blessé psychique un réseau cohérent.

6.

Partager et valoriser son expérience

Un besoin de reconnaissance de la nation

S'engager à donner sa vie dans une société qui dénie la mort peut générer de nombreuses frustrations. Aux blessés, aux morts, la Patrie – peu ? – suffisamment ? – reconnaissante ?

Désormais le combat pour un blessé psychique s'exprime à travers les phrases suivantes : « *Ne pas être mort pour rien, ne pas avoir souffert pour rien. Lutter contre l'indifférence d'une société tournée vers la consommation immédiate, les plaisirs immédiats, des sujets de politique interne. Développer le lien armée-nation. Faire croître la solidarité et le lien social.* »

Toute manifestation de soutien, de solidarité de la communauté nationale contribue directement au processus thérapeutique de reconstruction. Ce lien armée-nation est valable pour les autres corporations. Le lien police-nation, le lien diplomate-nation, le lien journaliste-nation pourraient être également évoqués. Le sentiment d'appartenir à une communauté nationale, communauté de destin avec des valeurs communes que sont la liberté et la démocratie, représente un lien social important même en période de gros temps social et/ou politique. Donner un sens à une action faite au service de la France et voir que la blessure résultant de cette action, qu'elle soit physique et/ou psychique, suscite reconnaissance, admiration, voire gratitude, ou tout simplement de l'émotion.

Je pense à une cérémonie faite en hommage à un militaire décédé dans sa commune de résidence. Un détachement de son régiment était venu lui rendre hommage. Durant toutes les étapes de la cérémonie, j'ai examiné le regard de la population composée majoritairement de jeunes, venue en nombre observer les soldats. Pour beaucoup, ils n'avaient jamais vu des militaires en tenue avec leur arme de si près. Des militaires aussi jeunes qu'eux, si semblables. Une émotion intense a circulé dans les deux sens entre les militaires et la population. La population émue de rendre hommage à un de leur voisin, ami, et les militaires émus de voir une telle émotion pour leur frère d'arme, et son action. Au-delà de l'hommage pour le soldat, il y avait également un hommage pour son engagement à servir la France, et pour le sacrifice suprême, celui de sa vie. Cet exemple illustre la force du lien social lorsqu'il se tourne dans la même direction vers un but commun. Pour le militaire, le policier blessé, participer à des cérémonies impliquant la société civile, la commune, les représentants de l'État, de l'institution à laquelle il appartient, retrouver ses camarades, constituent un facteur d'encouragement à se reconstruire, et une fierté retrouvée après le drame de la blessure ou du décès. Il réintègre son univers. Donner un sens à la blessure subie et voir dans l'attitude de la communauté à laquelle on appartient, de la gratitude permettent de se situer à nouveau dans la posture du guerrier, du combattant.

Au-delà même de l'approche médico-psychologique, le besoin de reconnaissance de la nation est un besoin élémentaire, que l'on pourrait qualifier de besoin fondamental. Au nom de la France, de la défense de ses intérêts à l'intérieur et à l'extérieur, on demande beaucoup aux agents de l'État. En terme de disponibilité, d'engagement, il semble normal que la nation manifeste de l'attention, de la reconnaissance et de l'admiration pour ceux qui la servent, la défendent, la protège.

Ce lien existe déjà mais pourrait être amélioré, développé, amplifié par des cérémonies, des manifestations qui illustrent de façon concrète cette reconnaissance. Les réserves ainsi que les militaires en retraite reconvertis dans le civil pourraient former [illegible] le solidarité et de reconnaissance, en diffusant le [illegible] la bienveillance. Ce lien concrètement pourrait passer par un renforcement des réseaux civilo-militaires en matière de soins, et tout particulièrement dans le domaine du psychotraumatisme. Dans un premier temps, des rencontres informelles pourraient avoir lieu entre soignants civils et militaires avec la prise de parole d'un blessé psychique. Cela permet de recréer du sens, du lien et surtout d'éviter l'isolement et l'exclusion. Il est important que dans la proximité du lieu de vie du patient, une communauté de lien, de soins et de résilience soit constituée. Ces réseaux pourraient également s'ouvrir au domaine de la reconversion professionnelle. Ainsi, dans chaque zone de défense avec le guichet unique santé pourrait exister un guichet unique professionnel afin que l'information sur les besoins éventuels en matière d'emploi puisse circuler au plus près de la zone de résidence du militaire. Toutes les marques de reconnaissance sont très importantes voire essentielles pour la reconstruction du militaire ou du militaire blessé, ainsi que pour sa famille.

Étendre la mémoire aux autres pays ayant combattu à nos côtés afin que l'action de la France menée dans un contexte international soit reconnue et célébrée au-delà des frontières. Nous vivons dans un monde globalisé, de par les voyages, l'utilisation des réseaux sociaux. Cette prise de conscience européenne et internationale est importante. La coopération dans la mémoire est également un moment fort, riche en symbole de fraternité, de solidarité et de reconstruction.

La reconnaissance de la nation, par tous les moyens, par tous les signes. J'ai souvent entendu dire après des marques de sympathie : « *Savoir que des gens sont derrière nous, nous fait du bien* ! » Sentir une chaîne de solidarité, d'attention, de respect est bienfaisant, réconfortant. La reconnaissance de la nation implique la compréhension du combat ou tout du moins du sens du combat. L'adhésion de la population aux actions extérieures de la France est un enjeu de solidarité et de sécurité nationale.

Ce qui ne tue pas rend plus fort

Vous qui avez traversé le traumatisme, vu la mort pour vous ou vos camarades. Vous avez été blessé. Mais au fil de ces pages, vous avez trouvé des éléments qui vous donnent, je l'espère, des clefs pour comprendre ce qui vous arrive, et pour ouvrir des portes vers votre famille, votre entourage amical et professionnel et surtout vous-même, afin de vous reconstruire, de transcender cette souffrance en une œuvre créatrice, d'être un ambassadeur de la vie, de l'espoir et de la résilience.

Vous vous réinventez. Vous vous renouvelez. Vous êtes votre propre chef d'œuvre.

Devenir un ambassadeur de la résilience : témoigner de son engagement et transmettre ses valeurs

Du courage est nécessaire pour se battre en Afghanistan ou gérer une crise sur le territoire national. Mais du courage est également nécessaire pour vivre au quotidien après un traumatisme. Ces témoignages transmettent le sens de l'engagement, du dépassement de soi, de la solidarité. À un moment où la cohésion nationale est plus que jamais nécessaire pour affronter les défis quotidiens tant dans le domaine économique, social, sécuritaire, politique, voir concrètement ce que signifie s'engager, ce que signifie accepter le sacrifice de sa vie, est bien plus parlant pour des jeunes en formation, des publics éloignés de la sphère militaire, que tous les discours politiques.

Outre l'engagement, il s'agit également pour le militaire de transmettre les valeurs qui sont les siennes et celles de l'armée : fraternité, cohésion, honneur, courage, solidarité. La pédagogie enrichit autant l'émetteur que le récepteur. Cette œuvre de transmission contribue à retrouver une place pour le soldat blessé, dans la société. Il s'agit de construire pour revivre. Ces témoignages peuvent s'effectuer selon des modalités différentes et contenir des messages différents. On peut tout d'abord témoigner dans un cercle proche, au sein de sa famille, au sein de son cercle amical et associatif, et se rendre utile. En effet, on peut s'apercevoir, même dans son environnement proche, que les connaissances sur l'armée, les particularités de son engagement, de son métier ne sont pas connues, même des personnes régulièrement côtoyées. On peut aussi témoigner au sein de l'unité où l'intéressé a servi, éventuellement pour donner des clefs de décodage sur les pathologies traumatiques. Cela n'est pas toujours facile car le sujet du stress post-traumatique, bien que largement diffusé au sein des armées, suscite encore quelques réticences.

Il est aussi possible, en lien avec les trinômes académiques, structures reliant les ministères de l'Éducation nationale et de la Défense, de participer à des activités permettant de transmettre les valeurs militaires, soit s'intégrant dans des cours d'éducation civique dans le cadre d'une information générale, soit s'intégrant dans des cursus de formation au lycée, à l'université, dans des grandes écoles. De même, les expériences et les témoignages peuvent être partagés dans des cycles de perfectionnement à l'IHEDN, l'INHESJ, ainsi que dans des conférences en lien avec le milieu associatif militaire, les délégués militaires, les réserves militaires.

Cette problématique du SSPT ne concerne pas uniquement les OPEX. Les missions de courte durée peuvent être l'objet de scènes traumatisantes, tout comme les missions intérieures. Tous les représentants de l'État dans leur fonction en France comme à l'étranger peuvent vivre cette expérience traumatique. Un échange de bonnes pratiques pour une meilleure coordination de la gestion du stress en opération serait souhaitable. Un centre de référence aurait toute sa place pour fédérer autour du ministère de la Défense les ministères concernés, les sociétés savantes et les professionnels de santé.

S'occuper du bien-être des militaires, policiers, gendarmes, pompiers, diplomates engagés au service de la France n'est ni un luxe, ni une atteinte aux valeurs, mais une nécessité opérationnelle et un devoir de solidarité de la nation. Au-delà du parcours de soin civilo-militaire respectant les compétences et les prérogatives de chacun, le militaire souffrant d'un SSPT peut changer de statut et devenir un ambassadeur de la résilience, transformer sa souffrance pour en faire un enseignement des valeurs militaires auprès de la société civile. Le lien armée-nation peut se tisser à partir d'actions concrètes rendant la société civile solidaire de l'action militaire.

Ambassadeur de la cohésion nationale au travers de la blessure psychique, le militaire donne un sens à la mission, au sacrifice personnel, familial. La résilience est à l'œuvre pour le militaire, sa communauté et la société.

Conclusion

Pas plus que le soleil, la mort ne peut se regarder en face, le SSPT est une réaction psychologique résultant de la confrontation personnelle avec la réalité de la mort, dans la surprise, l'impuissance et l'effroi. La prise en charge précoce est la prise en charge efficace au moment du stress aigu. Cependant les manifestations peuvent survenir en différé des mois voire des années après la scène traumatisante, à distance de l'évènement soit fortuitement soit lors de la réactivation de souvenirs liés à l'actualité, à la commémoration de conflits. Dans certains cas, les symptômes non connus sont sous-estimés, voir niés. Ils peuvent être effrayants, déstabilisants. Les personnes peuvent mettre sous silence ces symptômes afin de conserver leur aptitude professionnelle et de rester dans le groupe. Dès lors, l'entourage familial, amical et ou professionnel peut être un lanceur d'alerte.

À travers des mots simples et des gestes simples, le respect, l'amour, la confiance et l'humanité peuvent être transmis. Accompagner les combattants, porter une part de leur souffrance de leur réflexion, est un devoir d'humanité. Après une OPEX, ou une crise, la pression retombe, l'adrénaline diminue. C'est à ce moment-là qu'une parole sûre et fiable doit lui être dite « *tu peux avoir besoin d'aide* ». Le défi d'un blessé de guerre tout comme un policier, un otage, un journaliste de guerre, une victime civile de traumatisme est de retrouver sa place d'homme ou de femme dans sa famille, dans la société, mais aussi sa place professionnelle que ce soit dans son groupement, dans son ambassade, dans son unité ou dans son bureau quel que soit le lieu de travail.

La force du groupe est essentielle pour la cohésion de l'action au combat et ou lors d'une crise. L'individu ne tient que pour et par le groupe. Le groupe social est là aussi dans la reconstruction.

Accompagner celui qui a souffert dans un chemin de vie, un chemin de résilience, lui permettra de vivre autrement et de goûter positivement au bonheur de vivre, d'être présent à ce qu'il vit et d'atteindre les propos tenus par le philosophe André Comte-Sponville en 2009 lors d'un entretien sur son blog : « *la sagesse, c'est le maximum de bonheur dans le maximum de lucidité.* »

Le contexte de crise économique et sociale impose au pays de concevoir de nouveaux liens et de nouvelles solidarités. Les corps professionnels régaliens, l'armée, la police, la diplomatie, sont vecteur d'engagement et de cohésion nationale. Une pédagogie doit se mettre en place pour que ces valeurs portent une dynamique de rassemblement de la nation.

En résumé 7 balises et 4 propositions

7 balises

1. Établir un véritable contrat thérapeutique de reconstruction avec son thérapeute.
2. Connaître sa culture, son environnement, son système de valeur, pour se créer un cadre de reconstruction réconfortant, bienveillant, et porteur de sens par rapport au métier, à la fonction exercée lors de la survenue du traumatisme.
3. Au départ, se préparer en famille.
4. Au retour, déployer un plan de bataille comprenant :
    - un bouclier anti-missile d'incompréhension ;
    - un programme de restauration physique et de bien-être ;
    - un réseau de professionnel expert en psychotraumatologie identifié ;
    - un cercle de bienveillance, de confort et de sécurité psychologique et affective ;
    - la création d'une œuvre, de son chef d'œuvre ;
    - l'exploration de nouvelles activités seul ou en famille.
5. Un cercle de bienveillance pour la famille avant, pendant et après le retour.
6. Une réinsertion professionnelle passant par le cercle vertueux de l'apprentissage de nouvelles activités avec le réseau amical et professionnel.
7. Se réinventer et devenir un ambassadeur de la résilience.

4 propositions

1. Un réseau médico-psychologique civilo-militaire.
2. Un guichet unique zonal pour la santé et la reconversion professionnelle.
3. Un centre de référence sur le syndrome de stress post-traumatique.
4. Une ligne d'écoute dédiée 24h/24 pour les SSPT.

Bibliographie

Andruétan Yann, *Les blessures psychiques en 10 questions,* coll. Guerres et Opinion, Economica, 2013.

Ballet Gilbert, « Note sur la relation des tremblements et des états émotionnels. Le tremblement envisagé en tant qu'expression mimique de la frayeur », revue *Neurologique*, XXII.1915. 23-24, p. 934-936.

Bernheim Hippolyte, *De la suggestion dans l'état hypnotique et dans l'état de veille*, éditions Doin, 1884.

Canini Frédéric, Trousselard Marion, Andruetan Yann, « Mécanismes neurobiologiques des états de stress », *Médecine & Armées*, n° 39, 2011.

Clervoy Patrick, *Dix Semaines à Kaboul*, Steinkis, 2013.

Crocq Louis, « La cellule d'urgence médico-psychologique. Sa création, son organisation, ses interventions », *Ann. Médecine -Psychologique*, 1998.

Crocq Louis, *Les troubles psychiques de guerre*, Odile Jacob, 1999.

Crocq Louis, *16 leçons sur le trauma*, Odile Jacob, 2012.

Deniker Pierre, Lempérière Thérèse, Guyotat Jean, *Précis de psychiatrie de l'adulte*, Masson, 1990.

Dissociation et mémoire traumatique, Colloque international, Laboratoire d'éthique médicale et de médecine légale, Université Paris Descartes, 2013.

Dossier : « L'État de Stress Post-traumatique », revue *Actu-Santé*, n° 131, Service de santé des armées, avril-juin 2013.

Dossier Traumatisme psychique, site du ministère de la Défense.

Dossier de presse : « Le ministre de la Défense raccompagne en

France 153 soldats de retour d'Afghanistan », ministère de la Défense, 2012.

« En revenir ? », revue *Inflexions*, n° 23, 2013, La Documentation française.

Fenichel Otto (1945), *La théorie psychanalytique des névroses*, trad. française, Presses Universitaires de France, 1953, 2 vol.

Freud Sigmund, Breuer Josef (1895), *Études sur l'hystérie*, précédées de *Communication préliminaire* (1893), trad. Française, Presses Universitaires de France, 1953, 1 vol.

Freud Sigmund, *Au-delà du principe de plaisir*, trad. française, Payot, 1920.

Janet Pierre, *L'automatisme psychologique*, Alcan, 1889.

Jehel Louis et Lopez Gérard, *Psycho-traumatologie, Évaluation, Clinique, Traitement*, Dunod, 2006.

Roullière-Le Lidec Christine, *Quels liens peuvent être établis entre l'institution militaire et la société civile pour le militaire ayant un syndrome de stress post-traumatique de retour d'OPEX ? Vers un centre de référence civilo-militaire ?*, Lien Armée-Nation, Mémoire universitaire, Faculté de médecine Saint-Antoine, 2013.

Royal Benoit (général), *L'éthique du soldat Français*, 3e éd., Economica, 2014.

Yao S.-N. *et al.*, *Évaluation des états de stress post-traumatique : validation d'une échelle*, la PCLS, l'Encéphale, 2013.

Textes officiels

Colloque : *Les territoires et l'esprit de défense*, organisé par le Conseil supérieur de la réserve militaire, Sénat, 29 mars 2013.

Conférence publique : *Les besoins de prévention en santé des militaires d'active*, École du Val de Grace, Revues bibliographiques, *Médecine &Armées* n° 37, 2009.

Classification Internationale des troubles Mentaux et des troubles du Comportement, 10e révision, 1993, Paris, Masson.

Diagnosis and Statistical Manual of Mental Disorders, 5th ed., DSM-5 (2013), American Psychiatric Association American Psychiatric Press, Washington D.C.

Décret n° 2013-15 du 7 janvier 2013 portant sur la préparation et les réponses sanitaires aux crises exceptionnelles. Ministère des affaires Sociales et de la Santé, *J.O.* du 9 janvier 2013.

Guidelines for the management of conditions specifically related to Stress, World Health Organization, in conjunction with the United Nations High Commissioner for Refugees, 2013.

Guide : *Accompagnement des familles de militaires partant en opex ou en mission de courte durée*, Direction des ressources humaines, armée de Terre, 2012.

Guide médecin : *Affections psychiatriques de longue durée, troubles anxieux graves*, 2007 et 2013, Site internet de la HAS

Le livre blanc sur la Défense et la Sécurité nationale 2013, *Site internet du ministère de la Défense.*

Plan psychiatrie et santé mentale 2011-2015, Ministère du Travail, de l'Emploi et de la Santé, 2012.

Plan d'action *Troubles psychiques post-traumatiques dans les armées*, Documentation interne de la direction centrale du Service de santé des armées, 2011-2012.

Prevention of post Deployment Somatoform complaints, publication de l'OTAN, mars 2012.

Projet de loi de programmation militaire et le projet de loi de finances pour 2014, *audition du médecin général inspecteur J.-M. Debonne*, directeur central du Service de santé des armées, Commission de la Défense nationale et des forces armées, site internet de l'Assemblée nationale, 2013.

Rapport d'information déposé en conclusion des travaux d'une mission d'information parlementaire sur les blessés de guerre conduite par les députés Emilienne Poumirol et Olivier Audibert-Troin, site internet de l'Assemblée nationale, décembre 2014.

Rapport thématique, *L'organisation des soins en psychiatrie, les effets du plan santé mentale 2005-2011*, Cour des comptes, 2011.

Rapport public annucl, *Le service de santé : une évolution engagée*, Cour des comptes, février 2013.

Fiche technique

Numéros utiles, liste non exhaustive
Numéro d'appel national gratuit Ministère de la défense, *Ecoute défense* : 08 08 800 321
http://www.defense.gouv.fr/sante/dossiers/traumatismes-psychiques-espt
http://www.defense.gouv.fr/blesses/contacts-institutionnels

La cellule d'aide aux blessés
de l'armée de Terre (CABAT)
Tél. : 01 44 42 39 58

La cellule de suivi des blessés
de la gendarmerie nationale
Tél. : 01 56 28 74 40

La cellule d'aide aux blessés
et d'assistance aux familles de la marine
(CABAM)
Tél. : 01.53.42.80.32

La cellule d'aide aux blessés,
malades et familles de l'armée de l'air
(CABAE)
Tel. : 01 45 52 25 42

Associations
Solidarité Défense :
http://www.solidarite-defense.org/
Tél : 01 53 69 69 93

Association nationale des femmes de militaire :
http://www.anfem.fr/
Tél.: 01.53.42.82.29

Terre fraternité : http://www.terre-fraternite.fr
Tel. : 01.44.42.31.75

Office national des anciens combattants
et des victimes de guerre : http://www.onac-vg.fr/fr/
Tél. : 01 49 55 62 00

Reconversion
Défense mobilité : http://www.defense-mobilite.fr/
Numéro vert : 0 800 64 50 85

Table des matières

Cet ouvrage a été composé par IGS-CP
à L'Isle-d'Espagnac (16)

Achevé d'imprimer en mars 2015
dans les ateliers de Normandie Roto Impression s.a.s
61250 Lonrai (Orne)
N° d'impression : 1500944
Dépôt légal : mars 2015

Imprimé en France